복음이란 무엇인가? 9

염려하지 말라
예수가
그리스도다

Do not be troubled for
Jesus is Christ

임 덕 규 지음

기독교문서선교회

기독교문서선교회(Christian Literature Crusade: 약칭 CLC)는
1941년 영국 콜체스터에서 켄 아담스에 의해 시작되었으며
국제 본부는 영국의 쉐필드에 있습니다.
국제 CLC는 59개 나라에서 180개의 본부를 두고, 약 650여 명의
선교사들이 이동도서차량 40대를 이용하여 문서 보급에 힘쓰고 있으며
이메일 주문을 통해 130여 국으로 책을 공급하고 있습니다.
한국 CLC는 청교도적 복음주의 신학과 신앙서적을 출판하는
문서선교기관으로서, 한 영혼이라도 구원되길 소망하면서
주님이 오시는 그날까지 최선을 다할 것입니다.

Do not be troubled for Jesus is Christ

Written by

Duk-Kyu Im

Korean Edition
Copyright © 2014 by Christian Literature Crusade
Seoul, Korea

저자 서문

염려는 단순한 관념이나 생각이 아닙니다. 명확한 실제이자 하나의 세력입니다. 이 세력은 우리에게 엄습해서 우리를 사로잡고 지배합니다.

2009년 6월 25일 **'팝의 황제' 마이클 잭슨**(1958-2009)은 그의 주치의가 수면마취제 프로포폴을 과도하게 주사해 숨졌습니다. 당시 잭슨은 영국 런던 공연을 앞두고 리허설을 준비 중에 있었습니다.

잭슨 사후 재판 과정에서 주치의측 변호인은 마이클 잭슨이 공연을 성공적으로 치러야 한다는 강박관념에 사로잡혀 광적으로 잠과 수면제에 집착했다고 변호했습니다. 재판부는 주치의에게 그의 과실을 인정해서 유죄선고를 내렸습니다.

그러나 사망 당시 여러 정황을 볼 때, 잭슨이 염려와 근심의 세력에 포로가 되어 불면증에 시달리고 있었다는 것은 분명합니다. 잭슨은 염려라는 세력 앞에 결국 붙잡혀 무너진 것입니다.

우리는 근심과 염려라는 압도적 세력과 상대해서 생존경쟁을 하며 살고 있습니다. 이런 세력은 영적인 것들이기에 인간의 힘만으로 이기기 어렵습니다. 오직 하나님과 그의 아들 예수 그리스도를 믿는 믿음으로 치료받을 수 있습니다. **염려와 근심의 최상의 치료책은 믿음입니다.**

인간은 하나님의 아들 그리스도께서 이 세상을 통치하고 계신다는 진리를 믿을 때, 그리스도 안에서 자유와 평안을 누리며 살 수 있습니다. 염려와 근심의 세력이 공격해 오더라도 예수님이 그리스도이심을 굳게 믿고 기도하면서 기다리면 시간이 해결해 주게 되어 있습니다. 그리스도께서 우리 모든 환경을 주관하고 계시기 때문입니다. 그러므로 반드시 예수님을 하나님의 아들 그리스도로 믿어야 합니다.

여러 염려와 근심의 세력 앞에 굴복하지 말기를 바랍니다. **예수님이 그리스도이십니다. 그리스도께서 통치하십니다. 이 믿음을 적용하기 바랍니다.** 다시 말해 기도하기 바랍니다. 참된 신앙을 가진 자가 간절히 기도하면 반드시 염려와 근심은 사라지고 하나님의 평강이 그리스도 예수 안에서 우리의 마음과 생각을 지키실 것입니다.

저는 신자들 가운데 염려와 근심으로 불면증에 시달리는 분들을 위해 "예수 그리스도의 이름으로 염려와 근심을 가져오는 세력은 사라지라"고 기도드렸을 때, 그 밤에 평안히 잠을 잘 수 있었다는 간증을 많이 들었습니다. 염려하지 말고 믿음을 회복하여 기도하기 바랍니다. 염려와 근심이 없어질 때까지 계속 기도하기 바랍니다. 때로는 "예수 그리스도의 이름으로 염려나 근심을 가져오는 세력은 사라져라" 하고 명령하면서 기도하기 바랍니다. 예수 그리스도의 이름을 찬양하기 바랍니다. 모든 영광을 하나님과 그의 아들 예수 그리스도께 돌려드립니다.

주 안에서 **임 덕 규**

목차

저자 서문 _ 5

1. 근심과 염려의 치료책, 믿음(요 14:1-3) _ 13
   - 믿음을 적용하라

2. 영생의 약속과 복음 전도(요 14:1-3) _ 39
   - 염려하지 말라, 영생이 있다

3. 예수 이름의 권세(요 14:12-14) _ 67
   - 권세를 알고 행사하라, 기도하라

4. 보혜사 성령(요 14:25-26) _ 95
   - 성령의 능력은 하나님의 능력이다, 성령충만 받아라

5. 그리스도의 평안(요 14:27) _ 119
   - 모든 염려와 근심을 잠잠하게 하는 권능의 평안

6. 염려하지 말라 예수가 그리스도다(요 14:28-31) _ 151
   - 그리스도가 통치하고 계신다

"너희는 마음에 근심하지 말라
하나님을 믿으니 곧 나를 믿으라"(요 14:1).

염려하지 말라, 예수가 그리스도다

Do not be troubled for
Jesus is Christ

염려하지 말라
예수가
그리스도다

1. 근심과 염려의 치료책, 믿음
- 믿음을 적용하라

> 너희는 마음에 근심하지 말라 하나님을 믿으니 또 나를 믿으라 내 아버지 집에 거할 곳이 많도다 그렇지 않으면 너희에게 일렀으리라 내가 너희를 위하여 거처를 예비하러 가노니 가서 너희를 위하여 거처를 예비하면 내가 다시 와서 너희를 내게로 영접하여 나 있는 곳에 너희도 있게 하리라(요 14:1-3).

예수님은 그리스도시요 살아계신 하나님의 아들입니다. 예수님이 하나님의 아들 그리스도시라는 복음으로 여러분의 인생의 모든 문제가 처리되고 해답을 얻습니다. 인간은 예수님이 그리스도이심을 알고 믿을 때 구원을 얻는 것입니다. 그러므로 여러분이 이 예수 그리스도의 복음으로 참되게 깊이 뿌리내리기를 기원합니다.

이 복음으로 깊이 뿌리를 내릴 때, 그리하여 하나님

과 그 아들 예수 그리스도를 참되게 믿을 때 복음 받은 신자는 세상의 근심과 염려로부터 해방을 받는 축복의 삶을 살게 됩니다. 그러므로 복음을 받은 신자는 내일 일을 염려할 필요가 없습니다. 하나님이 염려를 해결해 주시기 때문입니다.

● 대주석가 박윤선 목사의 증언

한국의 대주석가 박윤선 목사님은 이렇게 말했습니다.

> 내일 일은 내일이 염려해주게 되어 있다. 이 말씀은 내일 염려는 내일 가서 하라는 뜻이 아니다. 그런 뜻이라면 우리는 계속 염려만 하고 살게 될 것이다. 이 말씀은 시간이 염려를 해결해준다는 뜻이요 따라서 신자들은 하나님이 시간을 주관하고 계시므로 하나님이 염려를 해결해주신다는 뜻이다.

세상은 염려와 근심으로 가득 차 있는 곳입니다. 인간이 마귀의 유혹으로 타락하였을 때 세상에서는 누구나 다 문제를 가지고 살게 되었습니다. 생존 자체가 하나의 문제인 것입니다. 인간이 범죄하고 타락했을 때 하나님은 범죄한 인류의 대표 아담에게 창세기 3:17-19에서 이렇게 형벌을 선고했습니다.

> 아담에게 이르시되 네가 네 아내의 말을 듣고 내가 네게 먹지 말라 한 나무의 열매를 먹었은즉 땅은 너로 말미암아 저주를 받고 너는 네 평생에 수고하여야 그 소산을 먹으리라 땅이 네게 가시덤불과 엉겅퀴를 낼 것이라 네가 먹을 것은 밭의 채소인즉 네가 흙으로 돌아갈 때까지 얼굴에 땀을 흘려야 먹을 것을 먹으리니 네가 그것에서 취함을 입었음이라 너는 흙이니 흙으로 돌아갈 것이니라 하시니라 (창 3:17-19).

범죄 이후에 인류가 사는 곳은 낙원이 아닙니다. 이미 선악과를 따먹음으로 평안과 즐거움의 생활은 상실되고 말았습니다. 죄의 결과 이 세상에서 산다는 것은 괴로움이요 고생입니다. 인간은 뼈가 부서지게 일을 해야 하고 여러 가지 시험과 고난에 직면하며 살게 되었습니다. 우리의 생애는 고난과 시련으로 점철되어 있는 것입니다.

문제는 어떻게 이 고난에 직면하며 사느냐는 것입니다. 우리는 살면서 여러 가지 문제에 직면하는데 대부분의 경우에는 그 문제에 지배되고 짓눌린 상태로 살기가 쉽습니다. 이렇게 문제에 지배되자마자 우리는 근심과 염려 상태에 빠지게 됩니다. 이와 같은 근심과 염려 상태는 대부분의 경우에 마귀의 역사가 배후에 작용하고 있습니다. 그래서 우리는 굉장히 무서운 대적과 대결하며 살지 않을 수가 없는 것입니다.

● 염려는 명확한 실재

염려, 즉 고민이라는 것은 하나의 명확한 실제입니다. 단순한 관념이나 생각이 아닙니다. 그것은 하나의 힘이요 세력입니다. 근심과 염려란 단순히 소극적으로 '야, 이게 고민 되는구나' 하는 정도가 아닙니다.

여러분이 가지고 있는 큰 염려와 근심거리를 한번 잘 생각해 보세요. 단순히 어떤 생각에 불과합니까? 만일 그렇다면 간단히 쫓아낼 수 있습니다. 그 생각을 버리면 간단합니다.

그러나 여러분이 가지고 있는 큰 근심거리는 간단히 해결이 안 됩니다. 그것은 끈질기게 여러분을 붙들고 달려들어서 시시로 나타나고 고민하게 하고 괴롭게 하고 더 나아가서는 우울증에 걸리게 하고 심지어는 자살까지 하게 합니다.

그러므로 근심과 염려란 하나의 명확한 실제요 하나의 세력으로서 매우 적극적인 것입니다. 이 근심과 염려라는 세력은 우리에게 엄습해서 우리를 붙잡고 지배하고 있습니다.

예수님은 근심과 염려를 하나의 세력, 인격으로 보았습니다. 오늘 본문뿐만 아니라 마태복음 6:34에서도 "내일 일은 내일이 염려할 것이요 한 날의 괴로움은 그 날로 족하니라"라고 말씀하시므로 근심과 염려를 하나의 세력, 인격으로 보고 있습니다. 그 배후에는 분명히 사탄이라는 하나의 인격이 역사하고 있는 것입니다.

그러므로 염려와 근심이라는 세력이 여러분을 꽉 붙잡고 여러분의 생각과 의지에 반해서 여러분과 논쟁을 계속하며 '아, 괴롭다!'라고 한탄하게 하는 것입니다. 이 염려와 근심은 적극적 상상력을 가지고 있어서 장래 문제까지 비화시켜서 고민하게 하고 압도당하게 합니다. 이런 근심과 염려 상태는 분명히 배후에 사탄의 역사가 있는 경우가 많습니다.

● 염려와 근심의 최상의 치료책은 믿음

우리는 근심과 염려라는 이런 굉장한 세력과 상대해서 생존경쟁을 하고 있다는 것을 명심하지 않으면 안 됩니다. 이렇게 강력한 세력인 근심과 염려는 오늘뿐만 아니라 예수님 시대에 동일하게 작용을 했습니다. 지상 그 어느 누가 염려와 근심이라고 하는 이 어마어마하고 굉장한 영적 세력을 이길 수가 있습니까? 없습니다.

그런데 그 치료책이 하나 있습니다. 그것은 하나님과 그 아들 그리스도를 믿는 길입니다. 믿음만이 유일하고도 최상의 치료책이요, 기도만이 최상의 치료책이요 또 해결책인 것입니다.

우리와 동일하게 예수님의 제자들도 여러 가지 이유로 근심과 염려 상태에 놓여 있었습니다. 제자들은 이미 예수님이 "내가 세상을 떠나겠다. 내가 붙잡혀서 죽을 것이다"라는 얘기를 하셨기 때문에 고난의 길로

간다는 말을 듣고 걱정했습니다. 또한 그들 열두 제자 중의 하나는 배반자가 된다는 말도 들었습니다. 그뿐만 아니라 제자들의 대표인 베드로가 예수님을 세 번이나 부인하리라는 말씀도 들었습니다. 그래서 모든 제자들은 당황하며 어쩔 줄 모르고 서로 낙담하고 있었습니다.

이미 예수님은 제자들의 얼굴에 그런 낙담의 기색이 완연히 나타나는 것을 보셨습니다. 근심의 얼굴로 서로를 쳐다보고 있는 제자들을 보시고 주님은 그들의 심정을 충분히 알 수 있었습니다. 그래서 그들을 위로하고 그들의 근심과 염려를 치료하시는 말씀을 하셨습니다. 그것은 하나님과 그 아들 예수 그리스도를 믿는 것이요, 이 메시지야말로 인류 최대의 복음의 말씀입니다.

● 염려와 근심을 극복하는 구체적인 방법

요한복음 14:1을 보십시오. "너희는 마음에 근심하지 말라 하나님을 믿으니 또 나를 믿으라"라고 말씀하셨습니다. 예수님은 "너희는 마음에 근심하지 말라"라고 말씀하셨습니다.

첫째, 예수님은 "너희는"이라고 말씀하십니다. 근심의 치료책을 받을 대상은 예수님이 말씀하신 '너희', 곧 예수님을 그리스도로 믿는 제자들이었습니다. 어느 누구든지 '마음에 근심하지 말라'는 예수님의 명령을 받을 수 있는 것이 아닙니다. 오직 하나님과 그 아들 예수 그리스도를 믿는 예수님의 제자들에게만 주어지는 특권입니다.

여러분도 예수님의 제자를 총칭하는 '너희' 속에 들어와야 합니다. 어떻게 예수님의 제자 '너희' 속에 들어가느냐? 간단합니다. 예수님의 제자들이 전도한 복음대로 하나님과 그 아들 예수 그리스도를 믿으면 우리 모두가 예수님의 제자로 오늘의 축복의 대상이 될 수 있습니다.

둘째, 예수님은 "마음에 근심하지 말아라"라고 말씀하셨습니다. 마음을 강조하셨습니다. 비록 온 나라와 온 수도권이 근심하며 모든 사람이 근심할지라도 "너희는 마음에 근심하지 말라"고 하셨습니다. 마음은 우리 인격의 중심입니다. 우리 영혼의 거소인 마음이 근심하지 않도록 마음을 지켜야 하는 것입니다. 마음을 빼앗기면 다 빼앗기는 것입니다. 그래서 여러분의 마음속에 하나님의 말씀이 여러분을 지키도록 해야 합니다. 그러면 하나님이 여러분의 마음을 지켜주십니다.

셋째, 예수님은 "근심하지 말라"고 하셨습니다. "너희는 마음에 근심하지 말라." 잠시도 쉬지 않고 휘몰아치는 바다처럼 근심하며 서두르고 혼란을 일으켜서 '불안해하지 말라'는 말입니다. 예수님은 슬퍼하지 말라고 말씀하시지 않고 '근심하지 말라'고 말씀하셨습니다. 절망하거나 동요하지 말고, 염려와 걱정으로 불안해 하지 말라고 말씀했습니다.

예수님은 이런 근심과 염려 상태가 제자들의 마음에 점점 더 크게 작용할 것을 아셨습니다. 사탄은 이미 제자들 모두에게 역사하고 있었습니다. 누가복음 22:31-32 말씀은 바로 이 때를 두고 하신 말씀이었습니다.

> 시몬아, 시몬아, 보라 사탄이 너희를 밀 까부르듯 하려고 요구하였으나 그러나 내가 너를 위하여 네 믿음이 떨어지지 않기를 기도하였노니 너는 돌이킨 후에 네 형제를 굳게 하라(눅 22:31-32).

● 믿음을 빼앗기면 죽는 것이다

믿음을 빼앗아 가면 다 죽는 것입니다. 사탄이 믿음을 빼앗아 가려고 했습니다. 이미 사탄은 제자들의 하나님과 그리스도를 믿는 믿음을 약화시켜서 제자들이 믿음에서 떨어져 나가도록 역사하고 있었습니다. 이런 때에 예수님은 제자들의 마음속에 생긴 근심이 점점 크게 작용할 것을 아시고 그 치료책으로서 이렇게 말씀했습니다. "하나님을 믿으니 또 나를 믿으라." 예수님이 내놓으신 근심과 염려 상태의 치료책은 "하나님을 믿으니 또 나를 믿으라"는 것이었습니다. 믿음이 근심 염려의 치료책인 것입니다.

그러므로 우리 모두는 예수님의 말씀, "하나님을 믿으니 또 나를 믿으라"는 말씀을 여러분의 마음 중심에 받아야 합니다. 우리 마음에 이 말씀이 깊이 심기어져서 그 말씀이 우리를 지배함으로 그 어떤 염려 근심도 우리 마음을 지배할 수 없게 해야 합니다. 하나님의 말씀은 하나님과 함께 임합니다. 말씀하시는 분은 말씀과 함께 임하는 것입니다. 여러분이 말씀을 여러분 마음속에 소유하고 있으면 하나님이 그 말씀으로 여러분을 지키시는 것입니다.

먼저 예수님은 "하나님을 믿으라"고 말씀했습니다. 우리는 하나님의 '하나님 되심'과 그 분의 '완전하심',

그리고 '하나님의 섭리'를 믿어야 합니다. 우리는 삼위일체 하나님, 제 일위의 성부 하나님을 믿어야 합니다. 성부 하나님은 창조자이시고, 전능하시며, 안 계신 곳이 없이 다 계시고, 온 세상을 다스리시고 만사를 주관하십니다. 그는 거룩하시고 의로우시며 모든 복과 화의 근원이십니다. 여러분이 복 받기를 원하면 이 하나님을 바로 알아야 합니다. 축복의 근원이 하나님이시고 화의 근원도 하나님이십니다. 만사가 하나님의 손에 있습니다. 우리 주님의 손에 있습니다. 그래서 이 하나님을 믿어야 합니다.

● 그리스도에 대한 믿음의 절대적 중요성

그러나 거기서 그쳐서는 안 됩니다. "또 나를 믿으라"는 말씀이 사실은 제일 중요한 말씀입니다. 앞의 말씀보다 더 중요합니다. 제자들은 이미 인격적인 하나님을 믿고 있었다고 생각할 수 있습니다. 제자들이 하나님을 몰랐겠습니까? 알았을 것입니다. 그런데도 염려 근심했습니다.

여러분이 하나님을 알면서 왜 염려 근심하십니까? "또 나를 믿으라." 예수님까지 확실하게 믿어야 여러분의 염려 근심이 없어집니다. 그들이 믿는 하나님으로는 제자들의 근심과 염려를 해결할 수가 없었습니다.

그래서 예수님은 "하나님을 믿으니"라는 말씀 다음에 즉시 "또 나를 믿으라"라고 말씀하신 것입니다. 이 말씀은 하나님의 아들이신 우리 주 그리스도께서 성부 하나님과 계약 가운데 서게 된다는 것을 말하는 것입니다.

좀 어려운 말씀이지만 잘 생각해보십시오. 우리는 하나님과 인간 사이에 중보자이신 하나님의 아들 예수 그리스도를 통해서만 하나님과 계약관계가 성립되고 하나님의 은혜와 축복을 받는 존재가 됩니다. 창조주 하나님이 여러분에게 복을 주는 근원이 되시려면 하나님과 우리 사이가 구만리처럼 멀기 때문에 그 가운데

중보자가 있어야 된다는 말입니다. 하나님과 우리 사이를 연결할 수 있는 선이 있어야 합니다.

발전소에서 우리에게까지 전기가 오려면 발전소에서 우리에게 전기를 끌고 오는 배전선이 있어야 합니다. 발전소에서 우리에게까지 전기를 끌고 오는 배전선이 바로 그리스도이시며, 하나님의 아들이십니다. 믿으시기를 바랍니다.

그래서 만일 우리가 하나님과 우리 사이에 중보자이신 하나님의 아들 예수 그리스도를 통하지 않으면 우리는 절망할 수밖에 없고 하나님에 대한 기억은 오히려 더 근심을 가져올 수밖에 없습니다. 왜 그렇습니까? 하나님은 거룩한 하나님이시기 때문에 우리는 그 앞에 설 수도 없고 하나님의 축복과 은혜를 받을 자격도 없는 자들입니다.

● 중보자 그리스도를 믿어야 한다

그러기에 하나님만 아는 것으로는 근심 걱정이 더 커지게 됩니다. 그러므로 예수 그리스도를 하나님과 우리 인간 사이의 중보자(mediator)로 믿음으로써 하나님의 축복과 은혜를 받게 되니, 하나님과 예수 그리스도를 믿는 우리의 믿음은 평안을 가져다주는 것입니다.

하나님 아버지를 믿듯이 하나님의 아들을 믿음으로써 모든 사람이 하나님처럼 그의 아들을 영화롭게 하는 것이 하나님의 뜻입니다. 하나님을 참되고 바르게 믿는 자가 누구입니까? 여러분이 하나님을 참되게 믿으려면 어떻게 해야 합니까? 하나님이 우리 인생들에게 알려주신 하나님의 아들 그리스도를 믿는 자가 하나님을 참되게 알고 믿는 자입니다. 이 예수를 통하여 하나님을 믿는 것이 마음의 근심을 없애는 훌륭한 치료책입니다.

그래서 하나님과 그의 아들 예수 그리스도를 믿는 믿음으로 얻는 기쁨이 모든 슬픔에서 벗어날 수 있는 최선의 방법임과 동시에 최고의 치료약입니다. "오직 의인은 믿음으로 말미암아 살리라." 우리가 하나님과 그의 아들 예수 그리스도를 믿지 않는다면 우리는 염려 근심에서 **빠져나올** 수 없습니다.

오늘 여러분이 가지고 있는 염려 근심들이 있을 것입니다. 이것을 '하나님이 계실 것이다'라는 정도에서 그치는 것이 아니라 하나님이 보내신 예수 그리스도를 믿어야 하나님으로부터 오는 평강이 그리스도를 통해서 여러분에게 임하는 것입니다. 하나님이 평강의 근원이시며 그 평강을 예수 그리스도를 통해서 우리에게 부어주신다는 말입니다. 그러니까 하나님만 믿을 것이 아니라 "그 아들인 나도 믿어라"라고 말씀하신 것입니다.

● 염려와 근심을 믿음으로 극복한 사례들

그러므로 마음속에 생긴 근심의 최고의 치료책, 하나님과 그 아들 예수 그리스도를 믿는 믿음을 여러분이 회복해야 할 것입니다. 참되게 회복해야 합니다.

저는 이 믿음의 치료책을 날마다 시마다 사용하지 않았다면, 내 속이 썩어 문드러졌거나 우울증에 걸려서 무슨 문제가 일어났을지 모릅니다. 염려 근심 상태가 수없이 많이 있지만, 그 중에 하나로 구리시 갈매동에 인척과 공동으로 사서 거의 30년 가까이 제 명의로 두었던 집이 하나 있었습니다.

이것이 얼마나 염려와 근심을 가져오는지 모릅니다. 이 집을 사고 보니까 땅이 맹지인데다 분필이 안돼서 7-8명이 붙어있었습니다. 그래서 서로 싸우고 많은 분쟁이 있는 곳일 뿐만 아니라 인접 사람들은 자기 땅이라고 측량하며 달려듭니다. 한 순간에 땅이 없어졌습니다. 모든 책임이 저한테 있는 것입니다.

이런 상태가 계속되면 어떻게 되겠습니까? 수년 동안 공격을 당했습니다. 이런 때 제가 하나님과 그 아들 예수 그리스도를 믿는 믿음이 없었다면 어떻게 됐을까요? 저는 하나님의 아들 예수 그리스도를 믿는 믿음으로 하나님의 섭리에 맡기고 잠자리에 들고 항상 평안의 잠을 잘 수가 있었습니다. 우리 하나님은 예수 그리스도로 말미암아 저에게 제 믿음과 기도대로 평안의 응답을 주셨습니다.

그뿐이겠습니까? 제 목회 사역을 아는 분들은 아시겠지만, 이것이 쉬운 목회사역이 아닙니다. 세상의 많은 교회와 달리 오직 그리스도, 오직 신앙, 오직 은혜, 오직 복음만 전하는 목회사역은 치열한 사탄과의 투쟁이요 날마다 싸우는 영적 전쟁입니다.

때로는 우리 교회 교인의 절반 가까이가 제 복음중심의 사역에 은혜가 없다며 한꺼번에 빠져나가버렸습니다. 제가 하나님과 그 아들 예수 그리스도를 믿는 믿음이 없었다면 이 위기를 어떻게 극복했겠습니까? 이 믿음 때문에 저는 조금 과장해서 모두가 나갈찌라도 눈 하나 깜빡하지 않을 수 있었습니다. 하나님과 그 아들 예수 그리스도를 믿는 믿음, 이 믿음은 하나님과 우리 주 그리스도께서 선물로 주신 것입니다. 모든 영광을 하나님과 그 아들 그리스도께 돌립니다.

● **믿음의 회복과 적용**

우리 교회는 목회자인 저뿐만 아니라 하나님과 그 아들 그리스도를 믿고 고난을 극복하고 염려 근심에서 해방 받은 분들이 많이 있습니다. 우리 교회는 이것이 특징입니다. 마음의 근심과 염려의 치료책은 믿음입니다. 신앙입니다. 하나님과 그 아들 예수 그리스도를 믿는 믿음입니다.

이것은 예수님의 명령입니다. "너희는 마음에 근심하지 말라 하나님을 믿으니 또 나를 믿으라." 그렇습니다. 우리는 마음에 근심해선 안 됩니다. 하나님을 믿고 또 그 아들 예수 그리스도를 믿기 때문입니다. 하나님과 그 아들 예수 그리스도께서 내 인생을 주관하고 다스리기 때문입니다. 만사가 하나님과 그 아들 예수 그리스도의 손에 있습니다. 만사가 주의 손에 있습니다. 그러므로 우리 모두는 참되게 하나님의 아들 예수 그리스도의 복음에 깊이 뿌리내릴 것입니다. 하나님과 그 아들 예수 그리스도를 믿는 믿음을 온전히 회복할 것입니다.

뿐만 아니라 이 복음 신앙을 회복한 여러분 모두는 이 신앙을 구체적으로 적용해야 합니다. 신앙은 자동적으로 역사하는 것이 아닙니다. 신앙을 가진 사람은 그가 직면한 구체적인 문제에 신앙으로 적용을 해야 됩니다.

● 믿음을 적용하라

신앙이란 자기 자신과 대화하는 것임을 기억하기 바

랍니다. 복음을 받고 복음신앙을 가진 여러분은 여러분 자신에게 스스로 말해야 합니다. 예수님이 그리스도가 아니냐? 하나님 아버지께서 섭리로 다스리고 계시지 않느냐? 이 문제를 하나님 아버지의 섭리에 맡겨야 합니다. 예수 그리스도께서 하늘과 땅의 모든 권세를 가지신 그리스도가 아니냐? 내 인생 문제 해결을 그분이 지금 주관하고 있지 않느냐? 이렇게 생각을 해야 합니다.

그래서 예수님이 "하나님을 믿으니 또 나를 믿으라"고 말씀하지 않으셨는가 생각해야 합니다. 심지어 성경은 "너희 염려를 다 주께 맡겨버리라 이는 그가 너희를 돌보심이라"(벧전 5:7)고 말씀하십니다. '맡겨버리면 된다. 주님이 돌봐주신다는데'라고 생각하고 "주여 맡깁니다"하면서 믿음을 회복해서 기도하면 됩니다. 믿음을 적용해야 됩니다. 신자들은 덜덜 떨면서 적용을 안 합니다. 이것은 신앙이 없거나 믿음이 적은 신앙입니다. 기도는 신앙의 적용이요 실천입니다. 기도하고 또 기도해야 합니다. 염려 근심이 사라질 때까지 기도해야 합니다. 그러면 하나님의 평강이 그리스도 예수 안에서 여러분의 마음과 생각을 지켜주실 것입니다.

● 믿음의 실천은 기도

행여나 어떤 문제로 인해서 마음의 근심과 염려, 이런 무거운 짐이 오면 즉시 그것을 거부해야 합니다. 붙잡히면 안 됩니다. 생각을 바꿔야 합니다.

예수님이 그리스도이심을 생각하고 그리스도의 손 안에 내 문제도 있음을 믿어야 합니다. 믿음을 적용해야 합니다. 기도해야 합니다. 예수 그리스도의 이름으로 염려 근심의 세력을 쫓아내야 합니다. 안 나가면 "나사렛 예수 이름으로 명하노니 근심과 염려를 가져다주는 어둠의 세력은 즉시 사라져라"라고 쫓아내 버려야 합니다.

그래서 복음을 받은 그리스도인의 최고의 축복은 세

상의 많은 근심과 염려에서 해방되는 것입니다. 물론 그 해결책은 믿음입니다. 믿음의 실천은 기도라는 것을 기억하시기 바랍니다. 믿음이 있다면 기도해야 됩니다. 적용을 해야 합니다. 그래도 근심이 생기는데, 더 많이 기도해야 합니다. 그것이 치료책입니다.

그래서 여러분 모두가 하나님과 그 아들 예수 그리스도의 복음신앙을 온전히 회복하고 기도 중에 성령충만을 받을 것입니다. 그러면 하나님의 평강이 그리스도 예수 안에서 여러분의 마음과 생각을 지켜서 여러분이 평강의 삶을 살아가게 될 것입니다.

● 염려와 근심의 치료책을 전하는 사명

세상에 나가보십시오. 이 염려 근심의 포로된 자들이 많습니다. 여러분은 그들에게 이 치료책을 전해야 됩니다. "하나님을 믿으니 또 나를 믿으라"는 말씀으로 염려 근심하는 사람들에게 복음을 전해야 합니다. "예수 믿어라. 예수님이 하나님의 아들 그리스도시다."

세상의 수많은 사람들이 이 염려 근심 고통으로 살아가고 있습니다. 심지어 자살까지 하기도 합니다. 여러분은 염려 근심의 치료책을 가진 자들입니다. 이 치료책인 복음, "예수님이 하나님의 아들 그리스도인 것을 믿고 기도하면 너희 문제가 해결 될 뿐 아니라 네가 갖고 있는 염려 근심으로부터 해방 된다"라고 여러분이 전하시기 바랍니다. 삶의 현장에서 이런 축복의 삶을 살기를 주의 이름으로 축원합니다.

Do not be troubled for
Jesus is Christ

염려하지 말라
예수가
그리스도다

2. 영생의 약속과 복음 전도
- 염려하지 말라, 영생이 있다

> 너희는 마음에 근심하지 말라 하나님을 믿으니 또 나를 믿으라 내 아버지 집에 거할 곳이 많도다 그렇지 않으면 너희에게 일렀으리라 내가 너희를 위하여 거처를 예비하러 가노니 가서 너희를 위하여 거처를 예비하면 내가 다시 와서 너희를 내게로 영접하여 나 있는 곳에 너희도 있게 하리라(요 14:1-3).

예수님은 그리스도시요 살아계신 하나님의 아들입니다. 예수님이 하나님의 아들 그리스도라는 증거로 우리 죄를 대신해서 십자가에서 피흘려 죽으시고 죽은 자들 가운데서 부활하셨습니다. 이 죽음과 부활의 복음으로 여러분의 인생의 모든 문제가 처리되고 해답을 얻습니다. 그래서 예수님을 하나님의 아들 그리스도로 믿고 그의 죽으심과 부활을 참되게 믿는 여러분 되기를 기원합니다.

이렇게 복음으로 참되게 뿌리를 내리고 믿을 때, 여러분은 예수님이 말씀하신 영원한 생명, 영생의 약속을 믿고 받게 되며 그 영생으로 인해서 여러분의 미래가 보장됩니다. 그렇기 때문에 이 소망으로 인하여 어떤 역경과 고난, 이런 것이 온다고 할지라도 근심하지 않고 살면서, 또 세상에서 영생을 주시는 이 복음을 위해서 힘을 다해서 복음을 전하며 사는 자가 될 것입니다. 소망이 확실하면 어떤 역경과 고난도 인내할 수 있으며 미래의 염려와 근심도 극복할 수 있는 것입니다.

● 왜 예수를 믿는가?

복음을 받은 그리스도인들이 바로 알아야 할 진리 중의 하나는 예수님을 하나님의 아들 그리스도로 믿는 목적입니다. 왜 예수님을 믿습니까? 왜 우리는 예수님을 하나님의 아들 그리스도로 믿어야 합니까? 믿음의 목적이 무엇입니까?

어떤 사람은 영혼의 구원이라고 대답할 것입니다. 혹은 죄 사함 받기 위함이라고 말할 수도 있습니다. 혹은 하나님 앞에서 의롭다 함을 얻기 위함이라 그렇게 할 수도 있습니다. 혹은 참된 자유를 얻기 위해서 믿는다고도 할 수 있습니다. 우리가 죄와 사탄의 억압 속에 있기 때문에 그 억압에서 자유롭기 위해 믿는다고 말할 수도 있습니다. 각각의 설명에는 의미들이 있습니다. 또 성경 저자의 관점에 따라서 표현을 달리하기도 합니다.

그런데 우리가 지금 주일 낮 예배에 계속 듣고 있는 요한복음의 저자 사도 요한은 그의 서신서들까지 포함해서 거의 일관되게 왜 예수를 믿느냐는 질문에 영원한 생명, 영생, 하늘의 생명을 얻는 것이 믿음의 목적이라고 말합니다.

요한복음을 쓰는 목적도 우리가 후에 살펴보겠지만, 요한복음 20장 31절에 보면, "우리로 영생을 얻게 하려 함이라"라고 말하고 있습니다. 영생은 하나님의 생명입니다. 이 하나님의 생명은 어디에 있느냐? 하늘과 땅에 있는 것이 아니라 예수님 안에 있습니다. 예수님이 영생의 근원입니다. 그래서 여러분이 예수님을 영접해서 모시고 살면 영생을 얻는 자가 됩니다.

● 영생은 살아 있을 때 받아야 한다

그렇기 때문에 여러분이 이 하나님의 생명을 지금 받아야 됩니다. 영생은 살아있을 때 받아야 죽어서 계속 누립니다. 영생은 여러분이 지금 받아서 맛보며 살다가 그 나라에 가서 완전하게 누리며 사는 것입니다. 왜 믿습니까? 영생을 얻기 위해서 입니다. 여러분에게는 영생이 없습니다. 누가 영생이 있습니까? 아프기만 하면 죽을까봐 덜덜 떱니다. 왜 죽을까 떱니까? 영원한 생명이 없으니까 두려워 떨고 죽는 것입니다.

본문에서 예수님은 제자들에게 이 영생의 약속을 하시면서 '그게 진짜다, 정말 사실이다', 주님은 이 사실을 진실되게 말한다고 제자들에게 말씀합니다. 예수님은 이 영생의 약속을 이루어 주시기 위해서 이 세상을 떠나 천국에 가서 우리에게 영생의 거처를 마련하러 가신다고 말씀을 합니다.

그리고 우리의 거처를 예비하고 때가 되면 다시 이 세상에 재림하셔서 우리를 위해서 준비하신 거처에 같이 있어 주심으로 천국에서 영생복락을 함께 누리게 해 주시겠다고 약속을 합니다. 그래서 예수님은 제자들에게 "마음에 근심하지 말고 하나님과 나를 믿어라"고 권고하는 것입니다.

● 영생과 천국에 대한 사람들의 관심

이렇게 영생의 약속과 천국의 존재는 불가분리한 것이며, 더구나 신자에게는 신앙의 목적이기도 하기 때문에, 우리는 천국에서 영생을 누립니다. 천국이 없다면 영생이 없는 것입니다. 그래서 시중에 가면 천국의 존재에 대한 책들이 많이 나와서 천국에서의 영생의 삶에 대해 이렇게, 저렇게 묘사를 합니다.

최근에 「뉴욕타임즈」에서 17주 연속 1위로 소개된 『천국은 실제로 있다』(Heaven is for real)라는 토드 부포의 책이 우리나라에도 번역되어서 『3분』이라는 제목으로 발간되었습니다. 네 살배기 어린 소년의 3분간 천상에 관한 이야기입니다. 네 살배기 어린 소년의 이야기를 그의 아버지가 듣고 기록을 했는데, 이것이 얼마나 신빙성이 있는지는 모르겠습니다.

또 1980년대 펄시 콜레라는 사람이 『내가 본 천국』이라는 책을 써서 수백만 부가 팔렸습니다. 그런데 그것이 잘못됐다는 것이 판명되어서 지금은 없어져 버렸지요. 그럼에도 불구하고 이러한 죽음, 사후의 세계, 천국이나 지옥에 대한 체험담은 항상 사람들의 관심을 모읍니다. 최근 출판된 책으로서 말라키의 『천국에서 돌아온 소년』은 꽤 유명하게 많이 팔립니다.

『천국은 있다』의 저자 토마스 주남은 교포인데, 이

여자가 영어로 책을 썼습니다. 저자는 기도하는 가운데, 하나님이 조용기 목사님에게 이 책을 번역하도록 하라고 했다고 해서 조 목사님이 이 책을 번역했습니다. 그런데 그 내용은 성경과 다른 점이 많아서 지금은 제가 보건대 서점에서 거의 사라지지 않았나 생각이 됩니다. 또 최근에는 돈 파이퍼의 『기적의 90분』이라는 천국체험기도 나왔습니다.

그러나 이러한 인간들의 천국경험으로 천국의 실존을 믿게 하는 것은 성경이 원하는 바가 아닙니다. 이러한 인간의 체험이 기준이 아니라 천국의 실존은 하나님의 말씀이 기준입니다.

여러분이 하나님의 아들 예수 그리스도의 복음에 깊이 뿌리를 내려서 하나님과 그의 아들 예수 그리스도를 믿으면, 예수님이 말씀하신 천국과 영생의 약속을 의심 없이 믿을 수가 있습니다. 저는 아주 의심 없이 믿습니다. 내 존재 자체보다도 확실하게 믿습니다. 이게 없으면 저는 존재할 수가 없습니다. 예수님을 믿을 이유가 없습니다. '아! 죽으면 끝나 버리지!' 하고 맘대로 살아 버립니다.

● 예수님의 약속, 영생

본문에서 예수님은 근심하는 제자들에게 이 천국과 영생의 약속을 말씀합니다. 1절 "너희는 마음에 근심하지 말라 하나님을 믿으니 또 나를 믿으라"라고 말씀을 하시는데, 우리는 앞 장에서 근심과 염려의 치료책이 믿음인 것을 보았습니다. 하나님과 그의 아들 예수 그리스도를 믿는 믿음이 근심과 염려의 치료책입니다.

염려 근심이 있는 사람은 이 신앙을 회복하기를 바랍니다. 하나님은 우리 인생들의 생사화복의 주관자입니다. 하나님은 그의 아들 예수 그리스도를 통해서 인간들과 은혜의 계약을 맺어서 예수 그리스도로 말미암아 인생들의 아버지가 되어주시고 모든 축복을 부어주시는 것입니다. 아버지는 자식들에게 공짜로 줍니다.

하나님은 여러분의 아버지가 되셨습니다. 그러므로 하나님과 그의 아들 예수 그리스도를 믿는 자는 근심할 이유가 없습니다.

그러나 하나님과 그의 아들 예수 그리스도를 믿는 자들이 고난 앞에서도 더욱 용기를 얻는 것은 우리 사후에 천국에서 누릴 영생의 약속 때문입니다. '내가 죽는다 할지라도 더 위대한 더 좋은 것이 있다' 라고 하면 더 걱정할 이유가 없습니다. 사람들은 왜 걱정을 합니까? 미래에 대해 걱정합니다. 희망이 찬란하다면 오늘을 극복할 수 있습니다. 희망 없는 사람들은 극복을 못합니다. 마음대로 행동해 버립니다.

이 천국에서의 영생의 약속은 지금까지 수많은 성도들이 어떤 역경에 처해 있을지라도 천국에서 모든 보상을 받는다는 것을 믿고 힘을 얻고 고난을 극복했습니다. 심지어 순교까지 했습니다.

● 내 아버지 집에 거할 곳이 많다

예수님은 이 영생의 축복이 천국에서 진정으로 존재한다고 말씀을 합니다.

> 내 아버지 집에 거할 곳이 많도다 그렇지 않으면 너희에게 일렀으리라 내가 너희를 위하여 거처를 예비하러 가노니(요 14:2).

예수님은 말씀하십니다. "내 아버지 집에 거할 곳이 많도다." 여기에서 천국의 복을 '내 아버지 집에 거할 곳'으로 표현을 하고 있습니다.

하나님 아버지의 집에는 많은 큰 저택들이 있습니다. 만일 아파트가 있다면 좋은 아파트가 있다는 말입니다. 천국은 하나의 분명한 영역을 가지고 있음을 밝힌 말씀입니다. 하나님의 통치가 있고 하나님의 통치 영역이 있다는 말입니다. 하나님의 아들만이 그곳에서 거처를 마련하실 수 있습니다. 죄인된 인간은 하나님의 아들의 피 흘리심의 축복과 부활의 능력으로만이 하나님 앞에 의인으로 나가서 뵈올 수 있습니다. 그래서 예수님은 "내가 너희를 위하여 거처를 예비하러 가노니"라고 말씀하시는 것입니다.

● 천국에서 영생을 누릴 수 있는 근거

우리가 천국에 가서 우리의 거처를 얻고 영생복락을 누릴 수 있는 근거는 무엇입니까? 중보자 되신 하나님의 아들 예수 그리스도의 죽음과 부활 승천으로 인해 하나님과 우리 사이에 길이 확보되었기 때문입니다. 더 나아가서 승천하신 예수님이 하늘에 우리의 거처를 마련해 주실 때 우리가 영생의 복을 천국에서 누릴 수 있는 것입니다. 천국에 가서 영생을 누릴 수 있는 근거가 무엇입니까? 예수 그리스도의 죽음과 부활, 그리고 승천입니다. 복음이 전부인 것입니다.

예수님이 하신 "내가 너희를 위하여 거처를 예비하러 가노니"라는 말씀을 들으면서 우리는 우리 개인의 거처가 천국에 마련되어 있음을 알 수 있습니다. 예수님이 직접, 내가 너희 거처를 마련하기 위해서 가신다고 말씀하셨기 때문입니다. 여러분의 거처가 있다 이 말입니다. 거처가 없는 사람은 갈 수 없습니다. 천국, 곧 하나님 아버지 집에는 각 개인, 즉 저와 여러분이 거할 거처가 있을 것입니다.

그런데, 이런 천국의 집에 관한 에피소드들이 많이 있습니다. 1960~70년대 유명한 여자 신유의 부흥사 한 분이 입신해서 천국에 갔습니다. 거기에 자기 집이 없더라는 것입니다. 그래서 너무 충격을 받아서 입신에서 깬 후에는 자기가 그동안 가진 수백억의 재산을 완전히 기증했습니다.

저는 그런 간증이 얼마나 신빙성이 있는지는 알지 못하겠지만 이미 모든 사람들이 다 알고 하는 이야기가 있습니다. 그분이 이렇게 얘기했다고 합니다. "가서 보니까 한○○ 목사 집은 있는데, 이○○ 목사 집은 없더라. 대목회자 조○○ 목사 집도 없더라." 그 얘기를 듣고 이○○ 목사는 욕을 했는데 반해 조○○ 목사님은 즉시 회개를 했다고 합니다. 그러나 이게 얼마나 사실인지는 모르겠습니다.

하나님의 말씀만이 기준입니다. 천국 가는 근거, 천국에서 거처의 확실한 근거 기준은 예수 그리스도의 죽음과 부활, 승천입니다. 예수 그리스도의 피의 복음만이 근거입니다. 그리스도의 십자가의 대속의 죽음과 부활만이 우리가 천국에 약속받은 영생의 유일한 소망의 근거입니다. 그래서 저는 바울의 신앙고백처럼 예수 그리스도와 그의 십자가에 못 박히신 것 외에는 강조하지 않기로 작정을 했습니다.

● 천국 처소를 예비하시고 재림하실 예수님

이 장의 본문에서 예수님은 "내가 너희를 위하여 처소를 예비하러 가노니"라고 말씀을 하셨습니다. 이 말씀은 예수님이 앞으로 예루살렘에 올라가서 장로들과 대제사장들과 서기관들에게 많은 고난을 받고 죽임을 당하고 제 삼일에 다시 살아나신 후에 승천하셔서 하나님 아버지가 계신 하늘나라로 승천하실 것을 말씀하신 내용입니다.

예수님은 부활 승천하셔서 그곳에서 자기를 그리스도로 믿는 모든 무리들을 위하여 천국의 거처를 마련하시는 것입니다. 예수님은 이러한 천국에서의 영생을 누릴 축복이 실제로 있다는 것과 우리에게 말씀하신 것이 진실하다는 것을 확실하게 단언하십니다.

2절 중반에서 "내 아버지 집에 거할 곳이 많도다"라고 말씀하시면서 "그렇지 않으면 너희에게 일렀으리라"라고 말씀을 합니다. "내 아버지 집에 거할 곳이 많은데, 만일 없다면 내가 너희에게 일렀으리라"는 말입니다. 틀림없이 있다는 말씀입니다.

저는 우리 주님의 말씀이 진실하다는 것, 그의 사랑이 완벽하고 진실하다는 것을 이 복음서를 읽으면서 믿고 전혀 의심하지 않습니다. 인간은 모두 거짓이 있고 실수가 있고 죄가 있습니다. 석가모니, 공자, 마호메트 모두 그들의 기록된 행적을 읽어보면 죄인들입니다. 그들은 자기들의 죄를 고백했습니다.

● 무죄하신 예수님

그러나 예수님만은 전혀 무죄합니다. 그는 죄의식도 없을 뿐만 아니라 실수도 없었습니다. 사복음서를 읽으면서 확인할 수 있습니다. 과오도 없고 실수도 없고 약점도 없습니다. 한 번 잘 읽어보십시오. 예수님이 무슨 회개한 것이 있는가 한번 보세요. 뭔가 후회한 것이 있나 한번 보십시오. 예수님은 완전한 이상적 인간인 동시에 그분은 또한 완전한 하나님이셨던 것입니다.

저는 이 사실을 실로 경외함 속에서 믿고 만유의 주 되신 우리 주 앞에 부복을 하며 경배합니다. 이런 분을 나의 주 나의 하나님으로 모시고 내 인생을 맡긴다는 것이 얼마나 행복한지 모릅니다.

그러므로 우리는 예수님이 지금 별세하러 떠나시는 목적이 그의 제자들, 곧 우리의 거처를 마련하기 위함인 것을 믿습니다. 예수님은 우리를 위하여 천국에서 식탁을 준비하시고 또 왕좌를 준비하기 위해서 가시는 것입니다.

뿐만 아니라 예수님은 자신이 준비하신 그 처소에 우리를 데려가기 위해서 정해진 때에 다시 오실 것이라고 약속을 합니다. 3절에 보면, "가서 너희를 위하여 거처를 예비하면 내가 다시 와서 너희를 내게로 영접하여 나 있는 곳에 너희도 있게 하리라"라고 말씀합니다. "거처를 예비하면 내가 다시 오겠다." 우리 주님이 말씀하십니다. 이것은 재림을 말한 것입니다.

● 다시 오실 예수님

  그렇습니다. 예수님은 그의 신실한 제자들을 데려가기 위해서 다시 오실 것입니다. 주님은 성도들이 죽을 때에 개별적으로 그들에게 사자를 보내셔서 한 사람, 한 사람씩 불러 모으십니다. 저도 머지않아 불려갈 것입니다. 그러나 마지막 날 우리 주님의 재림시에 모두 한꺼번에 공개적으로 영광의 나라에 입성시키실 것입니다. 그리고 천국에 불러 모은 모든 주님의 제자들과 예수님은 함께 언제든지 계실 것입니다.

  3절 후반을 다시 봅시다. "다시 와서 너희를 내게로 영접하여 나 있는 곳에 너희도 있게 하리라." 대단히 중요한 말씀입니다. 주님이 계신 곳에 제자들이 함께 있다는 것, 이것이 바로 천국의 행복의 본질이고 핵심입니다. 예수님이 계신 곳에 우리가 있다는 말입니다. 예수님이 있는 곳이 천국입니다. 예수님을 모시고 있으면 여러분 안에 천국이 있습니다. 그러면서도 찌푸리고 사는 사람이 많은 걸 보면 '진짜 믿는지 모르겠다'는 생각이 듭니다. 천국의 핵심은 무엇입니까? 천국에서 그리스도와 함께 있는 것입니다. 이것이 영생입니다.

● 영생의 본질과 영생을 누리는 삶

우리가 예수님의 구속의 은혜로 천국에 들어갈 때, 우리 영혼은 완전한 천국의 기쁨을 누릴 것입니다. 그리고 후에 예수님의 재림 시에 우리는 이미 예수님처럼 변화된 몸이 될 것입니다. 그래서 천국에 간 우리는 예수님과 동일한 장소에 있게 될 뿐만 아니라 예수님과 동일한 몸으로 변화된 상태로 거기서 주님과 더불어 영생을 구가할 것입니다.

우리는 예수님을 하나님의 아들 그리스도로 믿고 예수님을 우리 마음 중심에 모실 때에 영생을 얻는데, 이 영생은 현재는 오직 믿음으로만 누리고 맛볼 수가 있습니다. 여러분 안에 영생이 있지 않습니까? 영생이 없는 사람은 예수 안 믿는 사람입니다. 영원한 생명, 예수 생명이 안에 있는데, 그것을 믿음으로만 누린다는 말입니다. 어떻게 누릴까요?

여러분 "영생을 맛보며 주 안에 살리라"라는 찬송이 있지요. 여러분은 영생을 맛보십니까? 맛보면서 살아야 합니다. 어떻게 맛볼까요? 영생의 맛은 성령의 맛입니다. 그래서 '성령충만을 받아라' 하는 것입니다. 영생의 맛은 성령의 맛이요 그리스도의 맛입니다. 하나님의 말씀의 맛입니다. 여러분 이 비밀을 알기를 원합니다.

저는 이것이 없으면 세상이 재미없어서 못 살것 같습니다. 이것 때문에 아무것도 안하고 365일 골방 안에 있어도 행복합니다. 이 비밀을 깨닫기를 바랍니다.

● 허기증에 걸린 세상

이것이 없어서, 이 위대한 생명과 감격이 없어서 세상 사람들은 뭐 재미있는 것 없나? 하면서 허기증에 걸려서 돌아다니고 있는 것입니다. 돌아다니면서 뭐 재미있는 것이 없나? 채우려고 합니다.

그런데 지금은 이렇게 맛보면서 살지만 천국에 가면 우리는 예수 그리스도와 함께 완전한 믿음으로 영생을 누리며 살 것입니다. 그러니까 우리는 이 천국이 얼마나 좋은 것인지 알아야 합니다. 이것이 그리스도인의 최고의 소망인 것입니다. 예수 그리스도와 하늘나라, 영생의 구가, 이보다 더 큰 축복은 없습니다.

● 빌리 그레이엄의 소망

빌리 그레이엄은 이 소망을 가지고 지금 죽음을 기다리고 있습니다. 그는 올해 만 92세의 나이로, 금년 초에 미국 「크리스채너티 투데이」와의 인터뷰에서 다음과 같이 말했습니다.

나이 든다는 것은 두려운 게 아니라 좋은 것이다.

생명과 장수는 성경에서 말하듯이 하나님의 선물
이기 때문이다. 나는 이제 하늘나라에 가는 것이 멀
지 않은 것을 안다. 나는 그 날을 고대하고 있다.

그의 수년 전에 쓴 자서전에도 보면, "아직 최고가 남
았다"라는 제목의 맨 마지막 장에서 이렇게 말합니다.

사실 나는 미래를 모른다. 그러나 내가 아는 것이
있다. 아직 최고가 남아 있다는 것이다. 그것은 우
리의 상상을 훨씬 초월한 영광의 나라일 것이다.

최고의 것이 우리 주 예수님에 의해서 미래에 약속
되고 보장되어 있습니다. 틀림없습니다. 예수님의 부
활이 우리의 부활에 대한 보증인 것과 마찬가지로 예수
님이 승천하시고 승리와 영광을 얻으신 것은 우리의 승
천과 영광의 대 보증인 것입니다.

● 영생에 대한 믿음이 주는 위안과 능력

그러니 사랑하는 여러분, 어떤 시련과 역경이 오더라도 두려워하지 말고 근심하지 말며 낙심하거나 좌절하지 마십시오. "하나님을 믿으니 또 나를 믿으라." 이 신앙을 회복하십시오. 그리고 예수님이 약속하신 영생의 약속을 믿을 것입니다. 우리는 하나님 아버지 집인 천국에서 우리를 위하여 마련된 거처를 갖게 될 것입니다.

이 거처가 없기 때문에 죽음을 두려워하는 것입니다. 안 믿는 사람들이 죽음 앞에서 "안 가, 안 가" 하는 것을 아십니까? 누가 끌고 갑니까? 마귀가 지옥으로 끌고 가니까 사색이 되어서 "안 가, 안 가" 합니다. 그러나 이 영생의 약속이 있는 사람은 우리 주님의 손을 잡고 기쁨으로 천국을 향해 걸어가는 것입니다.

그래서 그 천국에서 우리는 예수님과 함께 영원토록 있을 것입니다. 이것이 바로 영생복락입니다. 이것이 그리스도인의 최고의 소망입니다. 이 소망을 가진 자는 현재의 고난에 낙심하지 않습니다. 현재 고난은 장차 우리에게 나타날 영광과 족히 비교할 수가 없습니다.

그러므로 여러분 모두는 이 영광의 소망의 근거인 예수 그리스도의 죽음과 부활과 승천의 복음에 깊이 뿌리내리기를 바랍니다. 그래서 성령충만을 받아야 합니다. 성령충만 받아서 성령의 능력으로 이 소망이 넘치기를 기원합니다. 소망이 좀 약해진다 싶으면 성령충만을 받아야 합니다. 성령충만을 받으면 여러분이 갖고 있는 소망이 확실해지는 것입니다. 왜 그렇습니까? 성령의 맛이 영생의 맛이기 때문입니다. 어떻게 성령충만을 받습니까? 기도함으로 받습니다. 즉시 기도하기 바랍니다.

● 소위 천당과 천국의 차이

끝으로 이것도 매우 중요한 메시지인데, 오해하는 경우가 있기 때문에 이 메시지를 하나 더 붙였습니다.

영생의 약속 뒤에 복음전도를 추가했습니다. 끝으로 죽으면 천당 간다고 할 때의 천당과 이 장에서 말하는 우리의 거처가 있는 천국과는 차이가 있습니다. 잘 기억하시기 바랍니다. 소위 주님 재림 전에 신자가 죽어서 천당에 가게 되는데, 이 천당은 천국에서 거처를 갖고 변화된 몸으로 그리스도와 함께 사는 영광의 세계와는 다릅니다. 천당은 우리 인간 세계와 영원한 영광의 세계간의 중간세계입니다.

신자가 죽은 후에 그의 영혼이 가 있을 천당은 신학적으로 말하면 과도기 세계입니다. 예수님이 재림하시기 전에는 신자는 몸과 영혼이 분리된 상태로 존재합니다. 그래서 천당에 가 있는 우리 영혼은 몸은 없고 영혼만 존재하는 상태로 있습니다. 그래서 예수님의 재림 시에 몸과 영혼이 합쳐져서 신령한 몸을 덧입게 됩니다. 이렇게 예수님의 재림으로 우리의 각 영혼은 영광스러운 몸을 입고 영광의 세계에서 그리스도를 섬기며 그리스도와 함께 영생을 구가할 것입니다.

그러나 신자의 영혼이 죽어 천당에 가면, 영혼만 있기 때문에 예수님의 말씀을 전할 수도 없고 예수님을 믿는 도리를 가르칠 수도 없습니다. 왜? 영혼밖에 없기 때문입니다. 몸이 없는 영혼은 제한을 받고 몸의 부활을 기다릴 뿐입니다.

● 복음 전도자로 살아라

그러므로 여러분, 깨어서 기억하십시오. "빨리 죽어서 천당 가고 싶다"라는 소리 함부로 하지 말기를 바랍니다. 불신입니다. 다 때가 되면 하나님이 정해진 날과 시간에 부를 것입니다. 그때까지는 우리가 죽으면, 복음도 전하지 못하고 가르칠 수도 없게 되기 때문에 지금 우리 육신에 생명이 있는 동안 장차 올 영광의 세계를 위해서 힘을 다해서 이웃을 사랑하며 복음을 전하고 하늘나라의 영광을 준비할 것입니다.

이 땅에서 보물을 하늘에 쌓아두면 그것이 영광의

세계에서 상급이 됩니다. 이 땅에서 복음을 위해 살고, 복음을 위해 고난을 당하고, 복음을 전하며 사는 것들이 장차 올 영광의 세계인 천국을 준비하는 길입니다. 그러므로 죽어서 천당 가는 것도 중요하지만, 천당 가면 아무 일도 못합니다. 상급 받지 못한다는 말입니다. 그러니 이 땅에서 사는 우리의 생의 의미가 대단히 중요합니다. 오늘의 삶이 대단히 중요합니다. 오늘의 삶을 여러분이 낭비하면 안됩니다. 그래서 사도바울은 "세월을 아끼라 때가 악하니라"(엡 5:16)라고 말했습니다. 오늘의 삶이 대단히 중요합니다.

● 오늘이 미래를 결정한다

오늘 여러분의 예수 그리스도와 복음을 위한 헌신과 노력이 여러분의 미래를 결정을 합니다. 영광의 세계, 천국에서의 영광의 삶을 결정합니다. 그래서 때를 얻든지 못 얻든지 복음을 전하면서 형제를 사랑하며 섬길 것입니다.

 썩어져 가는 육체를 보존한다고 말하면서 아무 일도 안하고 나태하게 있을 것이 아니라 힘을 다해서 봉사하면서 섬겨야 합니다. 고생을 했으니까 좀 산천경계를 보면서 놀아야겠다는 생각은 악한 것입니다. 하나님께 벌 받을 생각입니다. 여러분의 목숨이 보존되는 한 힘을 다해서 복음을 전하고 사랑하고 섬기고 힘을 다해서 노력해야 이것이 영광의 세계에서 여러분의 상급이 됩니다. 여러분 천당 가면 아무것도 못합니다. 주님이 재림할 때까지 기다려야 합니다.

 그렇기 때문에 여러분이 참되게 복음으로 답을 내고 전도자로서의 축복의 삶을 살기를 주의 이름으로 축원합니다.

*Do not be troubled for
Jesus is Christ*

염려하지 말라
예수가
그리스도다

3. 예수 이름의 권세(요 14:12-14)
- 권세를 알고 행사하라, 기도하라

내가 진실로 진실로 너희에게 이르노니 나를 믿는 자는 내가 하는 일을 그도 할 것이요 또한 그보다 큰일도 하리니 이는 내가 아버지께로 감이라 너희가 내 이름으로 무엇을 구하든지 내가 행하리니 이는 아버지로 하여금 아들로 말미암아 영광을 받으시게 하려 함이라 내 이름으로 무엇이든지 내게 구하면 내가 행하리라(요 14:12-14).

예수님은 그리스도시요 살아계신 하나님의 아들입니다. 예수님이 하나님의 아들 그리스도이신 증거로 십자가에서 우리 죄를 대신하여 피를 흘려 죽으시고 죽은 자들 가운데서 부활하셨습니다. 이 그리스도의 죽음과 부활의 복음, 또 예수님이 하나님의 아들 그리스도라는 이 복음으로 저와 여러분의 인생의 모든 문제가 처리되고 해답을 얻습니다. 그래서 참되게 이 복음으로 깊이 뿌리내리기를 기원합니다.

● 놀라운 권세, 예수 이름

이 복음으로 깊이 뿌리를 내릴 때, 뿌리내린 그 사람들은 예수 그리스도 이름의 권세를 알고 예수 그리스도 이름의 권세를 행할 수 있는 자가 됩니다. 예수 그리스도 이름의 권세는 실로 놀라운 권세입니다. 예수 그리스도 이름으로 기도하면 모든 기도가 응답됩니다. 예수 그리스도 이름으로 기도하면 사탄과 흑암의 세력이 무너집니다. 예수 그리스도 이름으로 기도하면, 때로는 세상의 피조물도 복종합니다.

그러므로 예수 그리스도 이름의 권세를 아는 것과 모르는 것, 또 예수 그리스도 이름의 권세를 얼마만큼 알고 확신하느냐의 여부에 따라서 신앙생활의 성공과 실패, 신앙생활의 부요와 빈곤이 결정됩니다.

3. 예수 이름의 권세

● 기도하지 않는 신자

제가 아는 어떤 신자는 예배는 가끔 참석하면서도 기도는 하지 않습니다. 왜 기도하지 않느냐고 물으니 기도해도 응답이 없으니까 안한다는 것입니다. 성경의 기도의 약속은 틀렸다는 겁니다.

그분은 과거 개인택시 운전을 한 적이 있는데, 큰 사고가 나서 그만두었습니다. 또 가구 공장을 한 적도 있었는데, 그것도 완전히 실패했습니다. 그분은 도급을 맡아서 인부들과 일하는데, 그 분은 언제나 수지타산이 맞지 않습니다. 그러니 아예 처음부터 기도도 않고 일을 시작할 뿐만 아니라 그 후에도 기도하지 않고 삽니다. 그런데 제가 보기에 그분의 삶은 황폐한 삶으로 보입니다.

● 예수 이름 권세를 사용하는 신자

또 제가 아는 어떤 분은 예수 그리스도 이름의 권세를 알고 기도합니다. 자신의 가정에 수십 년 동안 뿌리내린 불신앙의 권세를 놓고 기도합니다. "예수 이름으로 명하노니 우리 가정의 자녀들의 배후에 역사하는 어둠의 세력은 사라져라"라고 기도합니다.

대부분의 한국 가정은 수십 년간 그 가정에 뿌리내린 율법의 권세가 있습니다. 또 불신앙의 흑암권세들이 그 가정에 뿌리를 내리고 있습니다. 그래서 예수 그리스도 이름으로 대적하고 싸워야 합니다. 한두 번 싸워가지고 안됩니다.

이것은 몇 날, 몇 달, 어떤 경우는 몇 년 걸릴 지도 모릅니다. 그러나 예수 그리스도 이름의 권세는 능력이 있기 때문에 머지않아 어둠의 세력은 무너지게 되고 결박당하고 꺾어지게 될 것입니다.

또 어떤 분은 자신의 질병이나 문제에 관해서 예수

그리스도 이름으로 권세를 사용합니다. "예수 그리스도 이름으로 치료되라"라고 명령을 합니다.

미국 선교사로 인도에 파송되어서 활동한 '스탠리 존스'라는 유명한 선교사가 있습니다. 1884년에 태어나서 1972년에 작고하였습니다. 이 분의 능력 있고 독특한 선교 방식은 인도선교에 큰 영향을 미쳤습니다. 그래서 당시 미국 신문은 스탠리 존스를 가리켜 미국에서 가장 위대한 선교사로 소개했습니다. 이 스탠리 존스 선교사가 인도 선교 사역 중 69세에 뇌출혈로 쓰러져서 미국으로 건너가 치료를 받을 때에 유명한 신앙과 기도의 일화가 있습니다.

● 스탠리 존스의 예수 이름 권세

스탠리 존스는 병원 침상에 드러누워서 의사와 간호사 등에게 병실에 들어와서 치료를 시작할 때마다 이렇게 선포해달라고 요구를 했습니다. "스탠리 존스 씨, 예수 이름으로 일어나시오." 이렇게 선포하라고 부탁을 했습니다. 그래서 하루에도 몇 차례씩 "스탠리 존스 씨, 예수 이름으로 일어나시오"라고 계속 얘기하였습니다. 그러면서 그는 치료를 받았습니다.

그는 "나는 인도에 복음을 전하라고 하나님이 부르셨기 때문에 죽더라도 인도에 가서 죽지 미국에서는 결코 죽지 않는다"라고 말했습니다. '나는 기어코 이 중풍에서 일어나 하나님이 내 인생에서 종지부를 찍을 때까지 복음을 전한다' 라고 하나님의 뜻을 확신했기 때문에 고령임에도 불구하고 질병을 극복할 수 있는 믿음을 가지고 계속 병과 싸웠고 마침내 중풍에서 일어나서 인도선교사로 돌아가 다시 복음을 전했습니다.

스탠리 존스 선교사는 담당 의사와 담당 간호사들에게 "스탠리 존스 씨, 예수 그리스도 이름으로 일어나시오"라고 선언적 기도를 요구하는 믿음의 사람이었습니다. 그는 예수 그리스도 이름의 권세가 그의 병을 치료할 수 있고, 자기 몸에게 명령하면 들을 수 있다는 것을 믿었습니다. 인간의 몸과 영혼에게 예수 그리스도 이름의 권세가 발휘될 수 있음을 믿었다는 말입니다.

즉 스탠리 존스 선교사는 예수 그리스도 이름의 권세를 참되게 믿고 있었습니다. 저도 그렇게 믿습니다. 그래서 어디가 조금 아프면, 물론 약을 먹고 의사의 치료를 받기도 합니다만, 어떤 경우에는 "예수 이름으로 이 질병은 사라져라"고 명령을 많이 합니다. 계속합니다. 물론 제가 이렇게 했다고 해서 의사 치료도 받지 않는 이상한 사람은 아닙니다. 치료를 받으면서도 계속 기도합니다.

● 피조물에게도 사용할 수 있는가?

그러나 저는 예수 그리스도 이름의 권세는 때로 그보다 더 위대한 능력이 있다고 봅니다. 인간에게만 명령해서 치료하는 것이 아니라 세상의 피조물에게 명령해도 순종할 수 있다고 믿는 것입니다. 인간에게 명령을 해서 그 질병이 떠나갈 수도 있지만, 피조물에게도 때로 예수 그리스도 이름의 권세를 사용해서 복종시킬 수 있다고 믿습니다. 예수님은 첫 사람 아담이 잃어버린 만물을 복종케 하실 수 있는 후사권을 회복시키기 위해서 이 세상에 오신 마지막 아담이었습니다.

물론 이 마지막 아담으로서 회복하신 이 예수님의 권세가 우리에게 다 주어진 것은 아닙니다. 우리는 초림과 재림 중간기에 사는 그리스도인의 신자들이기 때문에 당연히 주어지는 권세가 아니라 예수님의 재림 후에 예수님과 함께 그 나라에 가서 천년왕국 혹은 그 이후의 삶속에서 이 권세를 누리며 살 것입니다.

그러므로 남용해서는 안 됩니다. 지금도 하나님의 뜻이면 우리가 이 권세를 사용하면서 맛볼 수가 있습니다. 이것이 저의 믿음입니다. 예수 그리스도 이름의 권세는 어마어마한 것입니다.

● 예수님은 그 이름의 권세를 주시고 떠나셨다

예수님은 세상을 떠나기 전에 예수님이 떠나신다는 말씀 때문에 염려와 근심에 싸여있는 제자들에게 하늘과 땅의 모든 권세를 가진 이 이름, 예수 그리스도 이름을 주고 떠나셨습니다. 이 장의 본문은 그 이름의 권세를 주시는 장면입니다.

본문 요한복음 14:12-14을 함께 살펴봅시다.

> 내가 진실로 진실로 너희에게 이르노니 나를 믿는 자는 내가 하는 일을 그도 할 것이요 또한 그보다 큰일도 하리니 이는 내가 아버지께로 감이라 너희가 내 이름으로 무엇을 구하든지 내가 행하리니 이는 아버지로 하여금 아들로 말미암아 영광을 받으시게 하려 함이라 내 이름으로 무엇이든지 내게 구

하면 내가 행하리라(요 14:12-14).

성경에 예수 그리스도 이름의 권세에 관한 이보다 더 확실한 근거가 되는 말씀은 없습니다. 그러나 동시에 이 말씀은 가장 오해를 받는 말씀이기도 합니다.

예수님의 이 말씀은 예수님의 이름의 권세를 천명한 것이 분명합니다. 그러나 중요한 것은 이 예수 그리스도 이름의 권세를 과연 우리가 어떻게 누리며 행사할 수가 있는가? 두 가지 중요한 사실이 있습니다.

첫째, 예수 이름의 권세는 누가 행사할 수 있느냐? 아무나 행사하느냐? 그렇지 않습니다. 누가 행사할 수 있느냐? 자격이 있는 사람이 있습니다.

둘째, 예수 이름의 권세는 어떻게 행사해야 하느냐?

이 두 가지를 우리가 확실하게 알아야 여러분이 이 이름으로 기도하면 응답이 옵니다.

● 예수 이름의 권세는 누가 행사할 수 있는가

먼저 이 예수 이름의 권세는 누구에게 주어진 권세이냐? 어느 누구든지 예수 이름으로 기도하면 천상에 계신 예수님의 권세를 얻을 수가 있는가? 여기에 성경을 잘못 해석하는 문제의 핵심이 있습니다. 예수님은 누구든지 아무나 자신의 이름인 예수님의 이름을 부른다고 응답하지 않습니다.

그렇다면 예수님이 "너희가 내 이름으로 무엇을 구하든지 내가 행하리니"라는 말씀은 누구에게 하신 약속입니까? 요한복음 14:12에 그 약속의 답이 있습니다.

> 내가 진실로 진실로 너희에게 이르노니 나를 믿는 자는 내가 하는 일을 그도 할 것이요 또한 그보다 큰일도 하리니 이는 내가 아버지께로 감이라 (요 14:12).

그렇게 말씀했습니다. 그러면서 계속해서 예수님의 권세를 말씀합니다.

> 너희가 내 이름으로 무엇을 구하든지 내가 행하리니(요 14:13).

본문의 문맥에서 볼 때, "너희"는 누구입니까? 본문 12절에서 보는 것처럼 예수 그리스도를 믿는 자를 가리킵니다. "나를 믿는 자는 내가 하는 일을 그도 할 것이요." 그러니 예수 이름의 권세는 예수 그리스도를 믿는 자들에게 해당되는 것입니다. 예수님을 하나님의 아들 그리스도로 참되게 믿는 자들에게 해당됩니다.

● 예수님을 그리스도로 믿어라

그런데 어떤 신자들은 예수 그리스도를 믿는 것이 아니라, 예수 그리스도에 관해서 믿고 있습니다. 마귀도 예수 그리스도에 대해서는 믿고 있습니다. 그러나 마귀는 참되게 예수 그리스도를 믿지 않습니다. 예수님이 하나님의 아들 그리스도라는 지식을 가지고 있지만, 예수님께 순종하며 예수님을 사랑하지 않습니다.

그러므로 예수 그리스도를 믿는다는 것은 예수님이 하나님의 아들 그리스도시며 예수님은 하나님의 아들 그리스도라는 증거로 죽은 자 가운데서 부활하신 것을 믿고 예수님을 마음 중심에 구주 그리스도로 영접을 하고 예수님께 순종하며 예수님을 사랑하고 예수님을 삶의 주인으로 모셔 들이는 것입니다. 이런 신자에게 예수님은 자신의 이름으로 기도하면 응답을 하십니다.

우리는 앞서 기도하지 않는 신자의 이야기를 들었습니다. 그 신자는 기도응답이 안되기 때문에 기도하지 않는다고 하면서 성경에서 예수 이름의 권세의 약속은 틀렸다고 했는데, 그러나 그렇지 않습니다. 제 생각에 그는 예수 그리스도 이름의 권세를 주신 그 약속에 그 사람이 들어가지 않았다고 봅니다. 그는 예수 그리스도에 대해서는 알았을지 모르지만, 예수 그리스도 자체를 몰랐습니다. 그는 예수님을 인격적으로 알지 못했던 것입니다.

● 예수님을 안다는 것의 의미

안다는 것은 대단히 중요합니다. 여러분은 예수님을 아시지요. 어느 정도 알아야 합니까? 남편이 아내를 아는 것처럼 알아야 되는 것입니다. 왜 그렇습니까? 예수님이 여러분의 신랑이기 때문입니다. 제가 아내를, 제 아내가 임덕규를 아는 것처럼 그렇게 아는 것이 여러분이 예수님을 그리스도로 믿고 아는 것입니다.

내가 이명박 대통령을 잘 압니다. 그런데 그분에 대해서 잘 알지만 그분을 직접 알지는 못합니다. 만나면 그분이 나를 모릅니다. 나는 그분에 대해서 잘 알지만 그분은 나를 모릅니다. 이렇게 믿어서는 아는 것이 아닙니다. 서로 교제하고 나눠야 아는 것입니다.

예수님을 하나님의 아들로 참되게 알고 믿는 자들의 기도에 우리 예수님은 응답을 하십니다. 그러나 저는 하나님이 예수님을 그리스도로 믿지 않는 자들의 기도도 때로 들으신다고 믿습니다.

생각해보십시오. 우리가 예수님을 그리스도로, 그의 죽으심과 부활을 참되게 믿지 않고 건성으로 신앙생활 할 초기에 응답되는 것들이 분명히 있었습니다. 있어야 믿습니다. 이것은 전적으로 하나님의 자비입니다. 은혜입니다. 그러나 그 때에 하나님은 우리에게 우리의 기도에 응답해서 시행한다고 약속하지 않으셨습니다. 그러므로 우리는 응답되는 권리를 주장할 수 없습니다.

그러니까 예수님을 제대로 안 믿어도 응답이 오는 경우에 그것은 오직 하나님의 자비일 뿐입니다. 은혜를 주실 수 있습니다. 나중에 참되게 믿도록 하게 하기 위해서 그렇게 응답을 주실 수 있습니다. 그걸 알아야 합니다. 그러나 권리는 없습니다. "아니 왜 응답을 안 해주십니까" 따질 권리는 없습니다. 오직 하나님은 그의 아들 예수 그리스도를 인격적으로 확실히 믿고, 예수님이 우리 죄를 위해서 죽으시고 부활하신 것을 마음 중심에 믿는 자들의 기도에 응답하시는 것입니다.

예수 그리스도 이름의 권세는 오직 예수 그리스도를 믿는 자에게 주어진 약속인 것입니다. 그러니까 여러분이 기도응답을 받으려면, 참되게 복음에 뿌리를 내려야 합니다. 예수님이 하나님의 아들 그리스도 되심을 참되게 믿어야 합니다. 이 믿음으로 기도하기를 바랍니다. 응답이 올 것입니다.

● 예수 이름의 권세는 어떻게 누리며 행사할 수 있는가

두 번째로 예수 그리스도 이름의 권세는 어떻게 행사를 해야 합니까? 요한복음 14:13-14을 살펴봅시다.

3. 예수 이름의 권세   83

> 너희가 내 이름으로 무엇을 구하든지 내가 행하리니 이는 아버지로 하여금 아들로 말미암아 영광을 받으시게 하려 함이라 내 이름으로 무엇이든지 내게 구하면 내가 행하리라(요 14:13-14).

예수 그리스도 이름의 권세를 어떻게 행사해야 됩니까? 간단합니다. 오늘 본문에 보면, 예수님의 이름으로 구하는 것입니다. 예수님의 이름으로 기도한다는 것은 어떤 의미가 있느냐? 예수님의 이름으로 구한다는 것은 예수님의 공로와 예수님의 중재로 구하는 것을 말합니다.

다시 말하면 신자가 자기 이름으로 구하지 않고, 오직 예수님의 이름으로만 구한다는 말입니다. '아니, 우리 모두가 다 예수님의 이름으로 기도하고 있는데 뭐 별난 소리를 하는 것 같다'고 생각할지 모릅니다. 그러나 예수님의 이름으로 기도한다고 하면서도 사실은 자신의 이름으로 기도하는 신자들이 의외로 많습니다.

제가 예를 하나 들어보겠습니다.

● 자신의 이름으로 기도하는 신자들

어떤 목사님의 설교집을 읽다가 이런 편지를 받았다고 그분이 쓴 글을 읽었습니다. 어떤 장로님의 편지입니다.

> 저는 신앙생활이 혼란스럽습니다. 저는 하나님의 뜻에 따라 제가 확신하는 어떤 것을 위해서 오랫동안 기도해오고 있었습니다. 그러나 저는 아직도 기도의 응답을 받지 못했습니다. 저는 장로교인으로서 30년 동안 교회에 출석하면서 아주 확고부동한 신앙의 자세로 살아왔습니다. 저는 25년 동안 주일학교 교장으로 봉사해왔고, 또 20년 동안 그 교회에서 장로로 일해 왔습니다. 그런데도 하나님은 저의 기도를 응답하시지 않으니 저로서는 도저히 이해

가 안 됩니다. 무슨 이유가 있습니까?

이런 편지였습니다. 그러면 하나님은 무슨 이유로 예수님의 이름으로 기도한 그 장로님의 기도를 응답하시지 않으셨을까요? 예수님의 권세는 당연히 기도하면 응답을 가져오는 것 아닐까요? 그러나 잘 들으십시오. 그 장로님의 문제는 한 마디로 예수님의 이름으로 기도하지 않고 자신의 이름으로 기도하였다는 것입니다.

그 장로님은 30년 동안 굳센 믿음에 서서 자라왔습니다. 또 25년 동안 주일학교 교장으로 성실하게 봉사했습니다. 그리고 20년 동안 교회장로로서 수고한 사람이었습니다. 그래서 그 장로님은 자기가 이렇게 훌륭하게 그리스도인의 삶을 살았기 때문에 하나님이 자기 기도를 응답할 책임이 있다고 생각했던 것입니다. 이분은 사실은 예수님의 이름이 아닌 자신의 이름으로 기도했기 때문에 하나님은 그의 기도에 응답하시지 않았다고 봅니다.

● 우리 자신으로는 응답 자격이 없는 자다

만일 하나님께로부터 기도응답을 받기 원한다고 하면 우리는 자격이 없는 자라는 것을 알아야 합니다. 하나님으로부터의 기도응답은커녕 지옥에 안 보내신 것만 해도 감사하다고 생각해야 될 존재들입니다. 우리는 어느 누구도 하나님으로부터 받을 자격이 있는 사람이 없습니다. 그렇게 생활을 하는 사람도 없습니다. 우리가 받을 자격이 있고 받을 수 있는 것은 우리 죄 값으로 멸망받을 지옥에 던져지는 것뿐입니다.

그러나 예수 그리스도께서는 하나님으로부터 무엇이든지 청구할 권리와 자격을 갖고 있는 분입니다. 우리 주님은 그런 분이십니다. 그러므로 우리는 기도할 때 우리 자신의 선행에 기초해서 기도할 것이 아니라, 나는 이렇게 형편없는 존재지만 오직 나를 대신해서 예수 그리스도께서 제공하신 그 십자가의 공로 때문에 내가 하나님께 나와서 기도합니다.

이 생각과 믿음을 확실하게 가져야 합니다. '나는 그래도 좀 괜찮은 사람인데…', 뭐가 괜찮고 뭐 자랑할게 있습니까? 겉으로는 그럴듯하지만 여러분의 속은 썩었습니다. 악한 자들입니다. 여러분은 스스로 판단해야 합니다. "만물보다 부패된 것은 인간의 마음이라." 예레미야 17:9 말씀입니다.

그런데 그 장로님은 30년 동안 신실한 그리스도인이었고, 25년 동안 교회학교 교장으로 일했고, 20년 동안 교회 장로로 봉사했다는 기초 위에서 기도했던 것입니다. "아니 내가 이렇게 헌신했는데, 하나님은 응답을 안 해줍니까?" 자기 자신의 이름으로 기도했던 것입니다.

● 많은 봉사와 헌금도 모두 하나님의 은혜다

오늘날 여러분도 내가 이렇게 교회에 봉사 많이 했고, 이렇게 헌금도 많이 했고, 또 교회에 희생도 많이 했는데 하는 생각이 있다면 즉시 버리시기를 바랍니다.

그런 봉사와 봉헌을 시작하는 것도 전부 하나님의 은혜이며 예수 그리스도의 공로로 주어진 것입니다. 한 순간에 날아가 버릴 수도 있습니다. 또 교회에서 은사를 갖고 섬기는 분들은 자칫 예수 이름으로 기도하는 것이 아니라 자신의 이름으로 기도하며 살기 쉽습니다.

내가 이렇게 헌금을 많이 했는데… 하는 것입니다. 헌금도 은사인데 말이죠. 어떤 분들은 교회에서 봉사는 안하고 노는 것처럼 보일 수도 있습니다. 그런데 이런 분들은 헌금으로 봉사하는 겁니다. 성경에도 헌금으로 봉사한다고 말합니다. 그게 부족한 사람은 몸으로 봉사합니다. 또 어떤 분들은 머리로도 봉사하고, 나 같은 사람은 입으로 봉사하고 별의 별 사람이 다 있습니다.

그런데 이런 것들이 전부 어디서 나옵니까? 이런 것들을 가지고 우리 주님을 섬기라고 하는 것입니다. 뿐만 아니라 다른 사람을 사랑하고 봉사하라고 주신 것입니다. 여러분이 가진 은사, 특별히 교회에서 여러분이 은사를 행사할 때에 다른 사람을 사랑하고 섬기도록 하기 위해서 그 은사가 주어진 건데 그걸 가지고 자랑하기도 합니다.

● 사랑은 모든 은사들의 목표

이 사랑이 모든 은사들의 목표인데 그걸 가지고 자랑하고 그걸 가지고 다른 사람을 판단합니다. 그러면 안 되지요. "내가 몇 번이나 사랑했는데." 이들에게 성경은 얘기합니다.

사랑은 무한 책임입니다. 내가 한 번하고, 두 번하고, 세 번했는데, 일곱 번 했는데, 이제 그만해도 됩니까? 천만의 말씀, 죽을 때까지 사랑해야 합니다. 무한 책임입니다. 끝없는 부채입니다. 여러분은 그리스도 십자가 사랑의 빚을 지고 있는 사람들입니다. 그러니까 아무리 많이 사랑했다고 할지라도 여러분은 사랑의 빚쟁이들입니다.

그러니 자랑할 필요 없습니다. 이런 생각을 가지고 기도하면 응답이 옵니다. 그러니까 여러분이 이렇게 마음을 작정하면 자신의 이름으로 기도하는 것이 아니라 예수 그리스도 이름으로 기도하는 자가 되는 것입니다.

● 죄된 본성을 죽이는 성령의 능력

그러므로 여러분이 참되게 복음으로 깊이 뿌리내리기를 기원합니다. 여러분이 예수의 통치권 속에 들어가 버려야 합니다. 자존심이 셉니다. 십자가에 못 박아야 할 자존심을 가지고 기도합니다. 이것이 죽어버려야 합니다.

그런데 어떻게 죽는 것입니까? 예수 그리스도의 복음에 깊이 뿌리를 내릴 때 죽습니다. 그럴 때에 우리 주님이 성령으로 역사하시는 것입니다. 부활하신 주님은 지금 성령으로 우리 가운데 역사하고 계십니다.

그러므로 여러분이 예수 그리스도 이름으로 기도하

면 예수님의 영이신 성령님이 일하십니다. 그래서 여러분을 변화시킵니다. 예수님은 "내 이름으로 무엇이든지 내게 구하면 내가 행하리라"라고 약속하셨습니다. 예수 이름으로 기도하면 성령님이 일하기 시작하시는 것입니다.

어떻게 예수님이 지금 하늘보좌 우편에 앉아계시면서, 또 내려와서 왔다 갔다 몇 번씩 하실까요? 예수님이 왔다 갔다 하면 얼마나 힘들겠어요. 예수님은 그의 성령으로 일하십니다. 예수님과 성령님은 동일한 하나님이시기 때문에 예수님이 일하신 것이 성령님이 일하신 것이고, 성령님이 일하신 것은 예수님이 일하신 것과 동일합니다.

그러므로 여러분이 이 위대한 비밀의 이름 예수, 이 이름으로 기도하면 어마어마한 능력이 나타난다는 것을 확실하게 믿고 이 이름으로 기도하시기를 바랍니다. 예수 이름으로 기도하면 여러분이 갖고 있는 인생문제가 전부 해답됩니다. 참되게 예수 그리스도 이름의 권세로 기도할 수 있는 자격을 얻고, 그리고 여러분의 공로가 아닌 예수 이름으로 기도하면 응답이 옵니다.

　기도하시기 바랍니다. 복음을 참되게 받아 예수님이 그리스도이심을 믿고 확신하는 자는 기도하게 되어 있고, 기도하는 것보다 중요한 것이 없다고 믿어야 합니다. 하나님은 예수 그리스도 이름으로 하는 기도와 그 응답을 주심으로 영광을 받으십니다. 예수 그리스도의 이름의 권세를 행사하십시오. 기도는 믿음의 최상의 실천입니다. 쉬지 말고 기도하시기 바랍니다.

Do not be troubled for
Jesus is Christ

염려하지 말라
예수가
그리스도다

Do not be troubled for
Jesus is Christ

염려하지 말라
예수가
그리스도다

4. 보혜사 성령

- 성령의 능력은 하나님의 능력이다, 성령충만 받아라

> 내가 아직 너희와 함께 있어서 이 말을 너희에게
> 하였거니와 보혜사 곧 아버지께서 내 이름으로
> 보내실 성령 그가 너희에게 모든 것을 가르치고
> (요 14:25-26).

예수님은 그리스도시요 살아계신 하나님의 아들입니다. 예수님은 하나님의 아들 그리스도라는 증거로 십자가에서 피흘려 죽으시고 죽은 자들 가운데서 부활하셨습니다. 이 영광스러운 복음으로 여러분의 인생의 모든 문제가 처리되고 해답을 얻습니다. 참되게 이 복음을 믿고 이 복음으로 깊이 뿌리내리기를 기원합니다.

● 복음으로 깊이 뿌리내려지는 것은 성령의 역사

저는 매번 설교시마다 복음으로 깊이 뿌리내리기를 기원하고 있습니다. 그러나 사실은 복음으로 참되게 뿌리를 내리는 것은 하나님의 은혜로 된다는 것을 알고 있습니다. 하나님을 아는 지식은 오직 믿음으로 말미암은 하나님의 은혜입니다.

예수는 누구신가? 예수가 무엇을 했느냐? 이것이 복음인데, 이것을 아는 것은 2~3분이면 금방 압니다. "예수님이 하나님의 아들이다. 예수님이 그리스도다." 금방 압니다. 예수가 나를 대신해서 죽으시고 부활하셨다. 그런데 이것이 마음 중심에 참되게 믿어지는 것은 하나님의 은혜로 되는 것입니다. 그 은혜의 중심에 하나님과 그의 아들 예수 그리스도께서 보내시는 성령님의 역사가 있습니다.

사경회 둘째 날을 마치고 저녁식사를 할 때에 사경

회에 참석한 후보생들에게 어떤 내용을 들었느냐고 물어보았습니다. 단 한 사람도 제대로 대답을 하지 못했습니다. 이틀간 "여자의 후손이 사탄의 머리를 발로 밟아버렸다"는 한 주제를 계속 반복해서 진행했는데, 그 핵심을 말하는 사람이 아무도 없었습니다. 3일간의 사경회를 마치고 소감문을 받아봤는데, 제 기대에 부응하지 못했습니다.

물론 복음을 전한 저에게도 책임이 있다고 생각이 듭니다. 쉽고도 신선하게, 그리고 흥미 있게 전했으면 좋지 않고 바로 들어서 적어도 객관적 진리로 머릿속에 이해될 수 있었을 법도 합니다. 그러나 만일 제가 하늘나라 복음진리 대신에 세상의 지식, 예컨대 정치, 경제, 사회, 문화에 관한 이야기를 했다면, 그들은 대단히 총명한 대학생들이기 때문에 쉽게 이해하고 핵심 주제를 파악했을 것입니다. 그것은 그들이 가진 이성으로 이해가 가능한 지식이었기 때문입니다.

반면에 하나님의 아들 예수 그리스도의 복음은 영적

인 진리이기 때문에 단순히 이성만으로는 이해할 수 없는 것이 세상의 지식과는 다른 점입니다. 하늘나라 진리는 하나님의 성령에 의한 깨우침과 도우심의 역사가 없이는 마음 중심에 받아들일 수가 없습니다. 우리는 성령님의 역사에 의해서 하나님의 아들 예수 그리스도의 복음을 마음 중심에 깨닫게 되는 사실을 "하나님의 은혜다"라고 얘기합니다.

그래서 참된 복음신앙은 하나님의 은혜요 하나님의 선물입니다. 우리 모두에게 하나님의 은혜가 임하기를 기원합니다. 또한 우리는 하나님의 은혜를 기다릴 줄도 알아야 합니다. 지금 안 온다고 낙심하지 말고 기다릴 필요가 있습니다.

● 대주석가 박윤선 목사님의 간증

한국교회가 존경하는 대주석가 박윤선 목사님의 자서전에 보면 박목사님은 기독교 계통 학교를 다녔습니다. 초창기에는 설교를 들으면서도 하나님의 아들 예수 그리스도의 복음진리를 수 년 동안 알지 못한 채 앉아있었다고 기록합니다. 박목사님이 쓴 자서전 내용을 간단히 소개하겠습니다.

> 학교에서는 아침마다 경건의 시간이 있었고, 주일에는 교실에서 예배했다. 학교 선생님들이 주일학교 반사로 봉사했다. 나는 선생님의 설교를 열심히 들었으나, 아직은 깨달음이 없었다. 모든 학생들이 예배시간과 성경공부 시간에 다 같이 참석하였는데, 나는 진리를 알지 못한 채 앉아있었다. 나의 경험으로 보아 진리를 잘 깨닫지 못하면서도 교회에 출입하는 형제들을 동정하게 되고 그들에 대하여 오래 참아 기다리며, 성경을 깨달을 수 있도록 계속 가르치는 것이 옳다고 생각한다. 신앙은 하나님의 선물이며, 하나님께서 그것을 주시는 때가 있음을 알고 우리는 남들의 신앙에 대하여 너무 조급하게

기대하지 말아야 한다.

옳은 견해라고 믿습니다. 하나님의 아들 예수 그리스도의 복음 진리를 참되게 깨닫지 못한 분들은 낙심하지 말고 교회의 모든 공예배에 빠짐없이 꼭 참석해서 선포된 복음진리의 말씀을 열심히 듣고 기도하기 바랍니다. 머지않아서 복음진리를 확신하는 때가 올 것입니다.

● **말씀과 함께 받아지는 성령의 은혜**

말씀과 함께 받아지는 성령의 은혜, 이것이 하늘 생명입니다. 이렇게 받아야 됩니다. 내가 지식으로 받는 것이 아니라, 하나님이 말씀을 가지고 성령께서 여러분에게 찾아와야 합니다. 그렇게 말씀이 받아져야 됩니다. 이것을 하늘생명이라고 하는 것입니다.

저도 신앙생활하면서 이왕 믿을 바에야 열심히 믿자

고 주일 낮, 저녁, 새벽기도에 열심히 참석해서 하나님의 말씀을 미친 듯이 들었던 때가 있었습니다. 부흥회 한다고 하면 열심히 쫓아다니면서 들었습니다. 그런데, "예수님이 나를 위해서 죽으시고 부활했다. 예수가 하나님의 아들이다"라는 점에 조금 의문이 있었습니다. 확신이 없었습니다. 다른 사람에게 말은 못하고 속으로 그랬습니다. 그러나 2~3년이 지난 후에 예수님이 하나님의 아들이라는 복음진리의 말씀을 하나님의 은혜로 참되게 확신하게 되었습니다.

이것을 신학적으로 말한다면 성령님의 역사로 예수님이 하나님의 아들인 것을 알게 된 것입니다. 인간의 이성만으로는 하나님의 인격과 사역을 바로 믿을 수가 없는 것입니다. "예수님이 인간이면서 동시에 하나님이시다. 또 예수님은 내 죄를 대신해서 죽으시고 장사지낸바 되었다가 3일 만에 죽은 자 가운데서 부활했다." 이런 성경의 말씀은 우리의 이성으로는 받아들이기 어려운 것입니다.

그래서 하나님은 그의 택하신 자를 구원하시고자 계획하셨을 때 두 가지 방법을 채택했던 것입니다. 즉 그의 아들을 이 세상에 보내사 죽게 하시겠다는 것과 또한 그의 아들을 열매 맺도록 하기 위해서 그의 성령을 보내시려는 것이었습니다. 이게 성경의 약속입니다.

그래서 하나님 아버지, 하나님의 아들, 하나님의 영이 삼위일체 하나님이 기독교 진리의 핵심인 것입니다. 예수님의 하나님의 아들 되시는 인격과 그의 그리스도로서의 죽으심과 부활의 사역을 우리가 믿고 마음 중심에 예수님을 구주로 모셔들이는 것은 하나님이 보내신 성령님에 의해서 믿게 되는 것입니다.

● 성부와 성자가 보내신 보혜사 성령

이 장의 본문에서 예수님은 성령님에 관한 이러한 사역에 대하여 제자들에게 말씀하고 계십니다.

내가 아직 너희와 함께 있어서 이 말을 너희에게 하였거니와 보혜사 곧 아버지께서 내 이름으로 보내실 성령 그가 너희에게 모든 것을 가르치고 내가 너희에게 말한 모든 것을 생각나게 하리라 (요 14:25-26).

예수님은 말씀합니다. "내가 아직 너희와 함께 있어서 이 말을 너희에게 하였거니와" 예수님은 이제 제자들과 함께 육체로 거하시는 방법을 바꾸고자 하시는 것입니다. 지금까지는 예수님이 제자들과 함께 있었는데, 예수님은 지금 죽음을 당하기 위해서, 별세하시기 위해서 떠나는 형편에 있습니다. 그러면서 지금 말씀을 하십니다.

지금까지 너희와 함께 있어서 여러 가지 교훈을 너희들에게 말했다. 그러나 이제 내가 이 세상을 떠날 때가 되었기 때문에 내가 너희를 떠난 후에 나

대신 나와 똑같은 다른 선생을 보내주어서 그를 통해서 너희에게 말하겠다.

그 다른 선생은 보혜사 성령님이었습니다.

그래서 26절을 보면 "보혜사 곧 아버지께서 내 이름으로 보내실 성령 그가 너희에게 모든 것을 가르치고 내가 너희에게 말한 모든 것을 생각나게 하리라"라고 말씀했습니다. 예수님은 이 말씀에서 성령을 어떻게 보내실 것이며, 또 오실 성령은 어떤 사명을 가지고 오는가에 대한 두 가지 말씀을 하고 있습니다.

먼저 성령은 어떤 경로로 올 것이냐? 26절 앞부분에 말씀을 합니다. "보혜사 곧 아버지께서 내 이름으로 보내실 성령"이라고 합니다. 예수님이 말씀하시는 보혜사 곧 성령님은 하나님 아버지께서 보내시는 분이라고 말합니다. 예수님도 하나님 아버지께서 인류 구원의 사역을 하라는 명령을 쫓아서 이 세상에 보냄을 받은 분이었습니다.

또한 성령님도 자기를 이 땅에 보내신 하나님 아버지께서 보내시는 분인 것입니다. 하나님 아버지가 아들도 보내시고 그의 영도 보내시는 것입니다. 그러나 성령님은 자기 이름으로 오는 것이 아니라 예수님의 이름으로 보내심을 받는 분이라는 사실이 중요합니다. "보혜사 곧 아버지께서 내 이름으로 보내실 성령"이라고 합니다. 예수님의 이름으로 보내실 성령님은 자기 자신을 위해서 보냄 받은 분이 아니라 예수님의 이름으로 오시는 분입니다. 곧 하나님 아버지께서 예수님을 위하여 예수님의 요청을 따라서 예수님의 이름으로 성령을 보내시는 것입니다.

● 성령님은 예수님의 대리자

성령님은 예수님의 대리자이며 예수님을 대표하시는 분입니다. 성령님은 예수님의 이름으로 이 땅에 오셔서 그리스도께서 하신 사업을 계속 진행하시고 그리스도의 재림을 준비하기 위해 오시는 것입니다. 그러므로 성령은 예수의 영 혹은 그리스도의 영이라고 불리어지며 오셔서 그리스도를 변호하고 그의 일을 이루십니다.

여러분은 성령님이 예수 이름으로 이 세상에 오시는 분으로서 예수님의 대리자이시며 예수님을 대신하고 대표하시는 분이심을 분명히 알아야 합니다. 이렇게 알지 않으면 성령 받은 분들의 큰 실수가 있습니다.

성령님은 자신을 드러내지 않고 예수님을 드러내시는 분이십니다. 그러므로 어떤 오순절주의자들처럼 성령충만 받아서 무슨 장풍을 행하는 것처럼 능력 과시하고 자신을 드러내는 행동은 오늘 본문 말씀을 비춰볼 때 전혀 비성경적인 것입니다.

간혹 부흥강사들 중에 성령의 특정 은사를 발휘하는 것으로 자신을 과시하고자 하는 것을 보는데, 이는 성경의 진리에서 이탈하는 것입니다. 성령의 역사를 중거하는 자는 오직 예수님만을 높여야 하고 예수님의 하나님의 아들 되심, 예수님의 그리스도 되심, 구주되심을 증거하고 높여야 마땅합니다.

성령님은 이 세상에 예수 그리스도의 이름으로 오셨기 때문입니다. 그의 대리자로 오셨기 때문입니다. 이런 의미에서 성령충만은 곧 '예수충만'이요, '진리충만'이요, '거룩충만'이요, '말씀충만'인 것입니다. 우리는 성령님이 예수님의 이름으로, 예수님을 위하여, 예수님의 요청으로 이 세상에 오신 예수님의 대리자요 대표자인 것을 잊지 말아야 입니다.

● 성령님의 사명

한편 성령님은 예수님을 위하여 아버지께서 보내셨는데, 그 성령님은 구체적으로 무슨 사명을 가지고 오셨습니까? 성령님은 두 가지 해야 할 사명을 가지고 오셨다고 오늘 26절 중반에서 말합니다.

그가 너희에게 모든 것을 가르치고 내가 너희에게 말한 모든 것을 생각나게 하리라(요 14:26).

첫째, "그가 너희에게 모든 것을 가르치고." 여기서 모든 것이라는 말은 예수님을 위해서 오셨으니까 예수님의 인격과 사역을 말합니다. 다시 말하면 성령께서 모든 것을 가르치신다고 할 때 그 핵심은 예수님의 하나님의 아들 그리스도되신 예수님의 인격과, 예수님이 그리스도이신 증거로서 우리 죄를 대신해서 죽으시고 부활하신 예수님의 사역을 가르치는 것입니다.

예수님이 이 세상에 계실 때 제자들에게 가르치셨던 핵심은 바로 "예수님 자신이 하나님께 보냄을 받은 그리스도시요, 또 그 그리스도의 직함을 수행하기 위해서 대속의 죽음을 당하고 부활하리라"라는 것이었습니다. 그러니까 예수님의 대리자요 대표자로 이 세상에 오신 성령도 마땅히 이 예수님의 인격과 사역을 사도들로 믿게 하고 증인으로 삼으시고자 하는 것입니다.

둘째, "내가 너희에게 말한 모든 것을 생각나게 하리라"는 사명입니다. 예수님은 제자들에게 수 없이 선한 교훈을 가르쳤지만, 그들은 둔해서 말씀하신 것들을 금방 잊어버렸습니다. 여러분도 설교를 듣고 집으로 돌아가면서 잊어버립니다. 교회에 그대로 반납하고 나갑니다. 들은 말씀을 반납하지 말고 마음속에 새기고 집으로 돌아가시기 바랍니다. 그러면 승리합니다. 설교자에게 반납할 필요 없습니다.

● 성령님은 생각나게 하신다

성령님은 제자들이 그러한 교훈을 필요로 할 때마다 생각나게 할 것이라는 것입니다. 성령은 그들에게 새로운 복음을 가르치는 것이 아니라 예수님으로부터 가르침을 받았던 것을 이해하게 함으로써 깨닫게 할 것입니다.

사도들은 예수님이 행하시고 가르친 것들을 먼 나라

들과 후세들에게 전달하기 위하여 말씀을 전파하고 성경을 기록해야 할 사명을 가진 자들이었습니다. 지금 그들이 홀로 남겨진다면 그들은 필요한 것들을 잊어버리게 될 것이고 불완전한 기억으로 인해서 일부 내용을 잘못 전하게 될 것입니다.

그러므로 성령은 사도들로 하여금 그리스도께서 사도들에게 말씀하신 것을 제대로 말하고 기록할 수 있도록 하기 위해서 약속된 분입니다. 바로 이 약속이 성취되었기 때문에 오늘날과 같은 기독교 신앙이 존재하게 됩니다. 사도들이 쓴 복음서들이 존재하게 되었습니다. 우리가 지금 읽고 있는 4복음서의 저술은 예수님의 부활 이래로 예수님의 말씀과 사역을 계속해서 생각나게 한 성령의 역사입니다.

그러므로 성경은 하나님의 감동, 곧 성령의 감동으로 기록된 책임을 우리는 믿어야 됩니다. 우리는 성령께서 사도들의 개별적인 경험과 인격을 사용하시되 성경의 어느 하나하나에 이르기까지 영감을 주어서 오류 없이 기록했다고 믿습니다.

● 성경은 성령으로 영감된 책

소위 성경은 축자적으로 영감된 책입니다. 이를 완전영감설 혹은 축자영감설이라고 합니다. 여러분은 성경이 오류 없이 글자 한자 한자마다 성령의 영감으로 기록된 하나님의 말씀인 것을 믿어야 합니다. 잘못된 신학자들 가운데 "성경은 언어의 영감이 아니고 사상의 영감이다. 사상만 맞지 글자는 틀릴 수도 있다"라는 주장을 합니다. 그건 틀린 소리입니다.

또 어떤 신학자들은 성경의 어떤 부분에만 성령의 영감이 있다고 주장을 합니다. 말도 안 되는 소리입니다. 성경의 영감은 성경의 모든 부분, 더 나아가 글자 하나 하나에까지 성령께서 간섭하여 오류 없이 쓰도록 했습니다. 오늘 본문이 그것을 증거합니다. 예수님은

"성령님 그가 사도들 너희에게 모든 것을 가르치고 내가 너희에게 말한 모든 것을 생각나게 하리라"말씀하십니다. 생각나게 하기 위해서 오류 없이 쓰게 했다는 말입니다. 우리는 제가 지금까지 주장한 이 진리를 고수해야 합니다. 붙들고 놓쳐서는 안 됩니다. "세상끝날까지 성경은 유일한 하나님의 말씀이다. 하나도 틀린 것이 없다." 이렇게 확실하게 믿고 여러분의 인생을 성경에 걸어야 합니다. 성경은 신앙과 행위의 유일한 법칙입니다. 다른 것을 믿으면 안 됩니다.

보수주의 신학과 자유주의 신학의 차이점의 핵심은 무엇입니까? 성경을 보는 관점입니다. 성경의 영감을 부정하거나, 사상 영감만 주장하거나, 혹은 부분 영감만 주장하는 것을 우리는 자유주의 신학이라고 부르고 그것을 절대 배척을 합니다.

저는 성경이 유기적으로 영감되었다고 믿습니다. 좀 어려운 말이지만, 베드로는 베드로의 성격을, 바울은 바울의 성격을 하나님이 그대로 인정하면서도 오류 없이 쓰셨다는 말을 유기적이라고 합니다. 우리는 유기적, 축자적, 완전영감설을 믿는데, 이렇게 믿지 않는 자들을 저는 이런 사람들을 경계해야합니다. 성경을 완전하게 하나님의 말씀으로 100% 믿지 않는 사람이 있으면 조심하면서 경계해야합니다.

● 성경은 완벽하다

앞으로 저를 이어서 우리 교회를 이어 갈 사람은 이 유기적, 축자적, 완전영감설을 마음 중심으로 믿는 자라야 할 것입니다. 그런 목회자가 아니면 배척해야 돼요. "성경은 완벽하다. 글자 하나도 틀림없는 하나님의 말씀이다"라고 믿지 않는 사람은 사역자가 되어서는 안된다.

이 장을 마무리하면서 본문을 살펴보면 예수님이 아직 죽은 자 가운데서 부활하지 않으셨기 때문에 예언적으로 하시는 말씀입니다.

> 내가 아직 너희와 함께 있어서 이 말을 너희에게 하였거니와 보혜사 곧 아버지께서 내 이름으로 보내실 성령 그가 너희에게 모든 것을 가르치고 내가 너희에게 말한 모든 것을 생각나게 하리라(요 14:25-26).

오늘 우리는 이 약속의 성령이 예수님의 이름으로 이 땅에 보내진 시대에 살고 있습니다. 예수님은 죽은 자 가운데서 부활 승천하신 후에 약속하신 성령을 아버지께 받아서 우리에게 부어주셨습니다. 예수 그리스도의 복음은 성령의 역사가 없으면 죽은 문서에 지나지 않습니다. 만일 성령의 교통이 중단된다면 믿음도 끝나고 기독교도 역시 끝나고 말 것입니다.

● 성령의 임하심과 성령충만

우리 교회는 지금 성령을 환영하고 모셔야 할 때입니다. "오, 성령이여 충만히 오시옵소서, 예수 그리스도 이름으로 충만히 오시옵소서." 여러분이 지금 그렇게 환영해야 합니다. 하나님의 영, 예수 그리스도 이름을 믿는 자에게 예수의 영이 임해야 합니다. 하나님 아버지의 이름과 그의 아들 예수 그리스도의 이름을 높이는 것처럼 성령을 높일 것입니다.

하나님은 성부 성자 성령의 삼위일체 하나님입니다. 성령도 하나님이십니다. 인격을 가지신 하나님입니다. 성령이 없는 사람은 예수 그리스도가 계시지 않는 사람이며 하나님이 내어버린 사람입니다. 우리가 참되게 예수 그리스도의 복음에 뿌리를 내려서 예수 그리스도를 마음에 모시면 성령이 임하시는 것입니다.

그 성령은 여러분으로 하여금 예수님을 그리스도로 참되게 믿고 확신하게 하시며, 예수님을 대신하여 보혜사가 되어주시고 예수님의 말씀을 생각나게 해주시고 우리가 예수 그리스도의 말씀을 따라 인도를 받고 살게 하는 것입니다.

그러므로 여러분 모두는 참되게 예수 그리스도의 복음에 뿌리를 내리고 성령의 충만을 받을 것입니다. 기도하기 바랍니다. 성령을 예수 그리스도로 말미암아 풍성히 부어주소서. 이렇게 기도해야 합니다. 성령은 이상하게 나무뿌리를 뽑는 것처럼 오는 것이 아니라 예수 그리스도의 이름으로, 예수 그리스도의 피를 통해서 우리에게 임하는 것입니다. 그러니 더 많이 기도해야 합니다. 날마다 정시에 기도해야 합니다. 성령의 충만을 받도록 강청의 기도를 드리라고 하나님은 말씀합니다.

그러므로 성령의 권능은 하나님의 능력입니다. 자신과 세상과 사탄을 이길 하나님의 능력입니다. 예수 그리스도 이름으로 구하면 이 능력이 임합니다. 구하고 구해야 합니다. 성령충만을 받아야 합니다. 여러분은 성령의 권능을 받고 여러분의 삶의 현장에서 증인으로 살 수 있을 것입니다.

여러분 모두가 성령의 충만함을 받아서 세상에 나가서 세상을 능가하는 예수님의 지혜와 예수님의 권능과 예수님의 사랑을 실천하는 삶을 살기를 주의 이름으로 축원합니다.

Do not be troubled for
Jesus is Christ

염려하지 말라
예수가
그리스도다

5. 그리스도의 평안
- 모든 염려와 근심을 잠잠하게 하는 권능의 평안

> 평안을 너희에게 끼치노니 곧 나의 평안을 너희에게 주노라 내가 너희에게 주는 것은 세상이 주는 것과 같지 아니하니라 너희는 마음에 근심하지도 말고 두려워하지도 말라(요 14:27).

예수님은 그리스도시요 살아계신 하나님의 아들입니다. 예수님이 하나님의 아들 그리스도라는 증거로 우리 죄를 대신해서 십자가에서 피흘려 죽으시고 죽은 자들 가운데서 부활하셨습니다. 이 복음으로 여러분의 인생의 모든 문제가 처리되고 해답을 얻습니다. 참되게 이 복음으로 깊은 뿌리를 갖기를 기원합니다.

● 그리스도인의 최고의 축복 중의 하나인 평강

 이 복음으로 참된 깊은 뿌리를 갖고 그 뿌리를 내릴 때 하나님 나라의 안식, 곧 그리스도의 평안을 맛보며 살게 됩니다. 그리스도인의 최고의 축복 중의 하나가 평강입니다. 그리스도인은 이 하나님 나라의 안식인 그리스도의 평안을 우리 주님이 재림하신 후 새 하늘과 새 땅이 이루어진 새 예루살렘에서 그리스도와 함께 마음껏 누리며 살게 될 것입니다.

 그러므로 그리스도의 평안, 곧 하나님 나라의 안식은 온 인류가 추구하는 궁극적인 목표입니다. 평안, 히브리어로 샬롬은 인류의 여정의 목표입니다. 종착역입니다. 성경에서 약속된 축복의 본질적인 핵심은 평강입니다. 평강, 곧 샬롬은 온 인류가 오랫동안 갈망해온 최고의 완성의 표지입니다.
 행복의 기초가 평안이요 안식입니다. 이 그리스도의

평안이 여러분의 가정에 충만히 임하기를 기원합니다. 세상에는 참된 평안이 없기 때문에 누구나 갈망하는 이상향은 평안의 나라입니다.

● 무릉도원, 복숭아꽃 별천지

얼마 전 교회 전도지에 제가 이런 글을 실었습니다. "무릉도원, 복숭아꽃 별천지." 그 내용을 소개를 하겠습니다.

> 무릉도원(武陵桃源). 중국 동진 송대의 시인 도연명 (AD 365-427)의 "도화원기"에 나오는 별천지 이름입니다. 사람들이 화목하고 행복하게 살 수 있는 곳을 비유한 이름입니다. 일종의 이상향이지요. 이런 이상향이 이 세상에 있겠습니까? 없다고 하는 것이 "도화원기"의 결론입니다. 도연명의 "도화원기"에 의하면 무릉에 사는 한 어부가 배를 타고 가다가 복

숭아꽃이 만발한 숲속에서 길을 잃어버렸습니다. 어부는 배에서 내려서 복숭아꽃이 흐드러지게 핀 숲길을 지나갔습니다. 한참을 걸어도 복숭아나무 뿐이었습니다. 어부는 신기해서 그 길을 끝까지 가 보았습니다. 마침내 어부는 어떤 평화의 마을에 이르렀습니다. 그 곳에는 논밭과 연못이 모두 아름답고 닭소리와 개 짖는 소리가 한가로우며, 남녀가 모두 외계인과 같은 옷을 입고 즐겁게 살고 있었습니다. 어부는 그곳 사람들에게서 융숭한 대접을 받고 돌아오는데, 그곳의 이야기는 입밖에 내지 말라는 당부를 받았습니다. 그러나 그 어부는 이 당부를 어기고 돌아오는 도중에 표를 해두었습니다. 훗날 그 어부가 그곳을 잊지 못하고 다시 가보았지만 찾을 수가 없었습니다.

도연명의 "도화원기"의 글이 전승되어서 선사상에 큰 영향을 미쳤습니다. 그의 유토피아 사상은 후세의 문학·예술에 큰 영향을 미쳤습니다. 저 개인적으로도 예수님을 그리스도로 믿고 하늘나라를 내 마음 중심에 이루며 살기 전에는 이 '무릉도원'의 환상을 꿈꿀 때가 많았습니다. 누군가에게 제가 '무릉도원' 얘기를 들었습니다. 복사꽃이 찬란하게 피는 그곳의 환상, 이 복사꽃이란 말은 복숭아꽃의 준말입니다. 저는 그래서 과거 예수님을 만나기 전에 '이 복사꽃이 찬란하게 피는 그곳에 있고 싶다'는 향수를 갖고 살았습니다. 바쁠 땐 잊기도 했지만 그렇게 살았습니다.

● 이 세상은 실락원이다

그러나 이 세상에서는 잃어버린 낙원, 실낙원을 찾을 수가 없습니다. 왜 그렇습니까? 창세기 3장 사건 때문입니다. 아담과 하와가 하나님께 불순종해서 하나님이 금지한 율법인 "선악을 알게 하는 나무의 실과를 먹지 말라 네가 먹는 날에는 반드시 죽으리라"라는 명령을 지키지 않고 사탄의 유혹으로 하나님께 반역해서 그 열매를 따먹었기 때문입니다.

에덴동산의 하나님의 나라는 그야말로 평화와 감격과 기쁨의 나라였는데, 이 평화의 나라는 하나님께 순종을 조건으로 성립된 평화와 행복의 나라였습니다. 그리고 샬롬의 나라였습니다. 진정한 평안과 진정한 샬롬은 하나님과 교제하는 속에서, 평화의 하나님과 교제하는 가운데서 얻는 것이었습니다.

그런데 하나님께 반역해서 하나님을 떠나 마귀를 따름으로 하나님과 원수가 되는 순간에 에덴의 하나님의 나라, 평화의 나라는 붕괴되고 말았습니다. 세상 나라, 사탄에게 순종하는 나라가 이 세상에 세워졌습니다. 이제 하나님이 주시는 평안은 파괴되고 샬롬은 사라졌습니다.

아담과 하와는 하나님과 관계에의 있어서만 평안을 잃어버린 것이 아니었습니다. 하나님과 원수 관계가 되자마자 아담과 하와는 자신들의 양심과도 평화를 누리지 못하고 이웃과도 평화를 누리지 못하는 존재가 되었습니다. 그들은 하나님의 율법과 싸우는 존재가 되었고, 하나님의 모든 진리와 더불어 싸우는 존재가 되었습니다.

● 하나님과 원수된 관계

아담과 하와는 사탄의 학정 속에서, 그리고 그들의 양심의 정죄 속에서, 또 천군 천사들의 적대감 속에서 살게 되었습니다. 무엇보다도 하나님과 원수 된 관계 속에서 살게 됐다는 것입니다. 평화가 있겠습니까? 없습니다. 여러분 직장에서 상사와 관계가 안 좋다고 해보십시오. 상사와 원수관계가 되었다고 생각을 해보십시오. 직장에서 평안하겠습니까? 가정에서 아버지와 부자지간에 원수가 되었다고 합시다. 그러면 그 가정에서 평화를 누리겠습니까? 안 됩니다. 하물며 창조주 되신 하나님과 원수관계가 되었는데 평화가 있겠습니까? 없습니다. 사람들은 공포와 두려움에 떨고 있습니다. 몰라서 그런 것입니다.

그래서 이사야서 57:20-21은 이렇게 말합니다.

> 그러나 악인은 평온함을 얻지 못하고 그 물이 진흙과 더러운 것을 늘 솟구쳐 내는 요동하는 바다와 같으니라 내 하나님의 말씀에 악인에게는 평강이 없다 하셨느니라(사 57:20-21).

악인은 평온함을 얻지 못한다고 했습니다. 그 물이 진흙과 더러운 것을 솟구쳐내는 요동하는 바다와 같다고 합니다.

복음이 없는 사람은 그 속에서 별별 것이 다 일어납니다. 이 생각 저 생각으로 왔다 갔다 합니다. 안 봐도 다 압니다. 하나님의 말씀에 악인에게는 평강이 없다고 했습니다. 예수님 없는 사람에게는 참된 평강이 없습니다. 세상 사람에게는 안식이 없습니다.

● 김하중 전 주중대사 간증

김하중 전 대사가 『하나님의 대사』에서 쓴 글을 인용하겠습니다.

> 나는 36년간 공무원 생활을 하면서 권력이 있거나 명예가 있거나 돈이 있는 사람들을 많이 만났다. 그러면서 그들에게 몇 가지 공통점을 발견할 수가 있었다. 많은 사람들이 답답하고 불안하고 마음의 초조함이 가득했다. 그리고 자신이 원하는 목표를 빨리 이루려다 보니 남이 잘되는 것을 보지 못했다. 그래서 시기와 질투가 많고 사랑도 여유도 없었다. 여러 가지 방법을 통해 돈이나 명예나 권력을 얻는다 해도 답답하고 불안해서 남을 미워하고 산다면 세상에서는 그것을 성공이라고 할지 모르지만 축복은 아니다.

그 분이 이렇게 썼습니다. 그렇습니다. 인생에 있어서 최고의 행복과 축복은 하나님과의 평안이 있을 때에 가능한 것입니다. 행복의 최고의 조건은 우선 평안한 것입니다. 돈이 아무리 많아도 불안에 떨면 그게 무슨 행복입니까?

연예인들 가운데 우울증으로 자살하는 분들이 많이 있습니다. 모두 그들 마음 중심에 평안이 없고 미래에 대한 염려와 공포, 불안이 그들을 지배하고 있는 것입니다. 그러나 유감스럽게도 그리스도인 가운데서도 이런 참된 하나님의 평안, 그리스도의 평안, 샬롬을 누리지 못하고 사는 사람들이 많습니다. 당장 굶어 죽는 것도 아닌데 염려 근심 걱정이 많습니다. 사업이 자기 뜻대로 안된다고, 기다리고 기도하면서 하나님의 인도를 받지는 않고, 승진이 안 된다고, 또한 자기가 원하는 것이 안 이루어진다고 낙심과 불만과 원망 속에 삽니다. 평안이 그들에게 없는 것입니다. 이런 사람들이 많습니다.

또 그리스도인이라고 하면서도 그 마음속에 탐심이 가득 차 있습니다. 평안이 없습니다. 시기, 질투, 미움, 증오를 갖고 삽니다. 평안이 없습니다. 또한 미래에 대한 염려와 공포를 가지고 평안이 없습니다. 주님은 이 세상에 없는 진정한 평화, 하나님과의 평화를 자기를 믿는 자들에게 주시기 위해서 이 세상에 찾아오셨습니다.

● 예수님이 약속하시는 평안

예수님은 하나님의 평안, 곧 자신의 평화를 우리에게 주시기 위해서 비싼 대가를 지불하시고자 하십니다. 예수님은 그 자신의 죽음, 곧 십자가의 피 값을 지불하심으로 인해서 하나님과의 평화, 곧 하나님과의 화해를 이루시고자 하는 것입니다. 창세기 3장의 사건을 이제 해결하시고자 한다는 것입니다. 하나님의 명령으로 예수님이 이 세상에 오셔서 자기 자신을 화목 제물로 드리고자 하시는 것입니다. 그래서 하나님과의 화평을 위해 우리 주님이 자신을 그의 화목제물로 드림으로써 이루시고, 그 화평의 선물을 우리에게 주시는 것입니다.

본문을 보면, 예수님은 자신의 별세, 곧 세상을 떠나실 것을 말씀하심으로 염려하는 제자들에게 놀라운 선물, 그리스도의 평안을 약속하고 계십니다. 요한복음 14:27에서 "평안을 너희에게 끼치노니 곧 나의 평안을 너희에게 주노라 내가 너희에게 주는 것은 세상이 주는 것과 같지 아니하니라 너희는 마음에 근심하지도 말고 두려워하지도 말라"라고 말합니다. 여기서 "끼치노니"라는 말은 남겨둔다는 말입니다. "평안을 너희에게 남겨둔다." 예수님은 그렇게 말씀하십니다. 그리스도께서 제자들에게 남겨주신 유산은 평안입니다. 곧 "나의 평안이다. 그리스도의 평안이다"라고 말하십니다.

주님이 주신 그리스도의 평안은 그 어떤 것들보다 좋은 것이어서 그리스도께서는 이 불안하고 염려 많고 죄와 사탄과 율법과 세상의 학정 속에 사는 자들에게 진정으로 필요하고 가장 좋은 것을 남겨주셨습니다.

● 그 평안은 하나님의 평안

그리스도께서 주시는 평안이란 어떤 평안입니까? 그것은 하나님의 평안입니다. 하나님과의 평안입니다. 하나님과 원수 되어 있는 자들에게 선물로 주시는 하나님의 평안입니다.

하나님의 평안은 동시에 사람들 상호간의 평화도 가져옵니다. 평강의 근원은 하나님이신데 여러분이 범죄하므로 하나님과 원수 되어 있어서 "내가 하나님이다" 하고 있으니 평안이 없는 것입니다. 하나님 앞에 엎드려서 내가 하나님이 아니라 당신이 진정 하나님이십니다라고 고백을 하면서 하나님이 보내신 그 아들을 왕으로 모시면 하나님과 평화가 이루어집니다. 평강의 왕이 여러분의 마음 중심에 들어오십니다. 평화의 나라가 여러분의 심령 속에 임합니다.

물론 그리스도께서는 죄인 된 인간들로 하여금 하나님 앞에 의롭다 하심을 받아서 하나님과 원수 된 관계에서 화목케 하시기 위해서 엄청난 대가를 지불하십니다. 우리는 공짜로 그것을 받는 것입니다.

그것은 여러분이 알다시피 그리스도의 십자가의 대속의 죽으심이요. 예수님이 남겨주신 평안이라는 것은 그의 십자가 대속의 피로 이룩하신 평안인 것입니다. 그래서 죄 많은 우리 인생들은 예수님의 피 값으로 하나님께 죄사함을 받은 결과로서 우리 마음에 하나님과의 평안을 선물로 받는 것입니다. 그리스도께서는 이것을 '나의 평안'이라고 부르셨습니다. 예수님은 "평안을 너희에게 끼치노니 곧 나의 평안을 너희에게 주노라"라고 말씀합니다.

● 그리스도의 평안이 필요한 제자들

그러면 그리스도께서는 자신의 이 평안의 유산을 누구에게 물려주시는가? 물론 그의 제자들입니다. "나의 평안을 너희에게 주노라"라고 하십니다. 제자들은 장차 고난을 받게 될 것이기 때문에 평안을 필요로 하는 자들이었습니다. 그래서 "나의 평안을 너희에게 주노라"라고 제자들에게 말씀하시는 것입니다. 평안이라는 유산은 그리스도의 사도들에게, 그리고 그들의 후계자들에게 주어질 것입니다. 또한 동시에 각 시대에 있어서 복음 받은 모든 그리스도인들에게 주어질 것입니다.

그래서 오늘날 우리도 예수님의 피로서 속죄함을 받을 때에 놀라운 그리스도의 평안을 선물로 받으면서 맛보며 살게 되는 것입니다. 세상에 이 평안보다 더 고귀한 것이 없습니다. 여러분 이 비밀을 누리고 삽니까? 저는 체질이 약하기 때문에 만일 그리스도의 평안이 내 마음에서 사라지면 당장에 문제가 일어납니다. 저는 당장에 소화부터 잘 안됩니다. 일이 손에 잘 안 잡힙니다. 묵상도 잘 안됩니다. 대인관계도 껄끄러워지고 마음의 여유와 자유가 없어지고 기쁨도 없어지고 심각한 위기가 옵니다. 우리 주 그리스도께서는 그리스도의 평안이라는 최고의 축복을 그의 제자들에게 유산으로 주셨습니다.

● 예수님이 주시는 놀라운 평안

누구든지 예수님의 피만 믿고 의지하면 그리스도의 평안의 축복을 받습니다. 어려울 것 없습니다. 예수님은 자신이 주는 그리스도의 평안의 특징을 이렇게 말합니다. "내가 너희에게 주는 것은 세상이 주는 것과 같지 아니하니라."

먼저 예수님이 주시는 평안은 단순한 인사치레가 아니고 진정한 축복입니다. 세상 사람들은 "평안하십시오"라고 합니다. 그런 것으로는 안됩니다. 예수님이 주시는 평안은 세상 사람들의 웃음이 줄 수 없고 세상 사람들의 찡그린 얼굴이 빼앗아 갈 수 없는 그런 성질의 평안입니다. 예수님은 말씀하십니다. "내가 너희에게 주는 것은 세상이 주는 것과 같지 아니하니라." 이런 평안을 여러분이 받아야 합니다.

예수님이 주시는 것은 세상 사람들이 주는 것과 같은 오직 육신에 유익한 것들로부터 잠시만 존재하는 그런 선물이 아닙니다. 그리스도께서 주시는 것들은 영혼을 영원토록 풍성하게 하는 것들입니다. 세상은 속이는 헛된 것들을 주며 우리를 기만합니다. 그러나 그리스도께서는 우리를 결코 실망시키지 않는 실질적인 축복을 주십니다. 세상은 주었다가 빼앗아 가지만, 주님은 결코 빼앗기지 않는 좋은 것을 주십니다.

● 박재란 인기 가수의 간증

1960년대~70년대 최고의 정상급 대중가요 가수로 박재란이라는 가수가 있었습니다. 이 분이 권사님이 되었습니다. 이 분의 인터뷰를 얼마 전에 제가 읽었습니다. 엄청난 인기를 얻었고 또 큰 희망을 갖고 미국에 이민을 갔습니다. 세상의 유혹을 받아 간 것입니다. 그러나 그것은 착각이었습니다.

엄청난 고생을 하다가 난치성 신경성 위궤양에 걸렸습니다. 치료가 안 됐습니다. 엄청 고생을 하는데, 어느 날 TV채널을 돌리다가 하나님의 말씀을 들었습니다. "불치병도 고친다." 하나님의 말씀을 들었습니다. 그 순간에 가슴속에서 뜨거운 것이 솟구쳐 올랐다는 것입니다. 정신을 차려보니까 온 몸이 눈물과 땀으로 흥건히 젖었다고 합니다. 그러면서 주님을 부르고 그리스도인이 되었다는 것입니다. 그래서 그리스도 안에서 평안과 자유를 찾은 것입니다.

이 평안은 절대 빼앗아 가지 못합니다. 그래서 기자가 물었습니다. "권사님 예수님을 만나지 못했으면 어떻게 되겠습니까?" 그러니까 그 질문에 이렇게 답합니다. "온 몸이 오싹해집니다. 예수님 없는 인생은 공허할 뿐이다. 세속적인 기쁨은 움켜질수록 허무한 것입니다. 얼마나 많은 스타들이 비극으로 생을 마쳤습니까?" 세상은 그를 속였습니다. 그러나 하나님과 그리스도는 그에게 신실하게 응답하셨습니다. 진정한 평안과 자유와 행복을 그에게 주셨습니다. 여러분은 세상의 유혹에 넘어가면 안 됩니다. '이러면 잘될 것 같다. 이러면 돈 벌것 같다.' 그런 유혹에 넘어가면 안 됩니다.

● 그리스도께서 주시는 평안

또한 그리스도께서 주시는 평안은 세상 철학이나 거짓 종교들이 주는 것과도 같지 않습니다. 그것들은 평안을 준다고 공언하지만 그것은 참된 것이 아닙니다.

그것은 양심의 소리를 달래지 못하며 죄를 없애지도 못하고 영혼을 하나님과 화목하게 하지 못합니다. 그것은 사실은 하나님으로부터 도망가게 하는 도피의 평화입니다. 평화는 평화인데 하나님으로부터 도망가는 평화입니다. 문제를 도피하는 평화입니다. 문제를 직면해서 헤쳐나갈 수 없는 평화입니다.

달라이 라마가 쓴 『행복론』이 십여 년 전에 인기가 많았습니다. 베스트셀러로 많이 팔렸습니다. 그 책의 핵심은 인간이 집착하기 때문에 평안이 없다, 그러니 "집착하지 말고 떠나버려라, 벗어버려라"라는 것입니다. 그러니까 결국 도피의 평화를 추구한다는 말입니다. 그러나 예수님이 주시는 평화는 문제를 극복하는 평화입니다.

예수님이 주시는 평안은 우리 영혼의 모든 필요를 만족시켜 주시고 양심의 경고를 잠잠하게 하고 외부적인 모든 변화에도 불구하고 잠잠하게 만들어 버릴 뿐만 아니라 영원한 죽음의 순간까지 계속하는 것이 그리스도의 평안입니다. 그리스도께서 주시는 평안은 세상이 주는 평안보다 비교할 수 없이 소중합니다. 세상의 평안은 무지에서 시작되어가지고 죄 가운데 머물다가 끝없는 고통으로 끝나버립니다. 반면에 그리스도의 평안은 십자가의 대속의 은혜에서 시작되어서 어떤 죄와도 동거하지 않으며 마침내 평안으로 끝납니다.

● 너무나 위대한 그리스도의 평안

그리스도의 평안은 너무도 위대한 것입니다.

> 내가 너희에게 주는 것은 세상이 주는 것과 같지 아니하니라(요 14:27).

그리스도의 평안은 세상이 주는 평안과 같지 않습니다. 예수님이 주시는 평안은 전 인류의 여정의 목표입니다. 여러분, 언제 평안하십니까? 잠잘 때 평안하고 좋습니다. 그것이 여러분의 마지막 종착역입니다. 궁극적인 인류 역사의 완성의 상태의 도달입니다.

이 그리스도의 평안을 누리는 것, 곧 성경에 약속된 축복의 본질적인 핵심이 그리스도의 평안입니다. 하나님 나라의 평안입니다. 그리스도의 평안은 인류 역사의 마지막 종착지인 그리스도의 재림 이후에 새 예루살렘에서 누리게 될 축복입니다. 우리는 그리스도의 평안을 그리스도의 왕국이 완성된 새 예루살렘에서 그리스도와 함께 완벽하게 누리며 살 것입니다. 지금은 여러분이 믿음이 있는 것만큼 누립니다.

그러나 그곳에서는 완전한 믿음으로 그리스도와 함께 완벽하게 누릴 것입니다. 그러나 이미 그리스도께서 십자가의 피로 하나님과의 평화를 여러분에게 이루어주셨기 때문에 이제 예수님의 피를 믿는 모든 신자는 그 평화를 지금 이 세상에서 믿음으로 받아 누리며 살아야 합니다.

평안을 너희에게 끼치노니 곧 나의 평안을 너희에게 주노라 내가 너희에게 주는 것은 세상이 주는 것과 같지 아니하니라 너희는 마음에 근심하지도 말고 두려워하지도 말라(요 14:27).

주님의 약속입니다. 여러분 마음 속에 두려움이 있을 것입니다. 염려, 근심이 있을 것입니다. "두려워하지 말라." 우리 주님이 말씀하십니다.

● 신자는 그리스도 평안을 누릴 권리가 있다

주님은 누구십니까? 그분은 여러분의 인생의 계획을 가지고 움직이시는 그리스도십니다. 그리스도라는 말을 아십니까? 그리스도를 모르니까 인생들이 방황하고 떠는 것입니다. 예수님의 제자들은 그리스도의 평화를 통해서 과거나 현재의 두려움으로 인해서 앞으로 어떤 불행한 일이 생기지 않을까? 염려하지 말라고 경계를 받습니다. 예수님이 하나님의 아들 그리스도라는 언약 속에 들어간 예수님의 제자들은 예수님이 주시는 평안을 받을 권리가 있는 자들입니다.

여러분이 예수를 하나님의 아들 그리스도로 믿는다면 여러분은 당연히 하나님의 평안을 받을 권리가 있습니다. 달라고 구하며 충만하게 누릴 권리가 있습니다. 그 권리를 누리지 못하면 그것은 우리 하나님을 무시하는 것입니다. 그리스도께서 주시는 평안을 받은 자들은 슬픔이나 두려움에 굴복당하면 안됩니다. 염려 근심에 굴복당하면 안됩니다.

그리스도께서 주시는 평안은 우리로 환난 중에도 기뻐하게 만드는 평안입니다. 로마서 5:1-5은 이렇게 말합니다.

> 그러므로 우리가 믿음으로 의롭다 하심을 받았으니 우리 주 예수 그리스도로 말미암아 하나님과 화

평을 누리자 또한 그로 말미암아 우리가 믿음으로 서 있는 이 은혜에 들어감을 얻었으며 하나님의 영광을 바라고 즐거워하느니라 다만 이뿐 아니라 우리가 환난 중에도 즐거워하나니 이는 환난은 인내를, 인내는 연단을, 연단은 소망을 이루는 줄 앎이로다 소망이 우리를 부끄럽게 하지 아니함은 우리에게 주신 성령으로 말미암아 하나님의 사랑이 우리 마음에 부은 바 됨이니(롬 5:1-5).

예수님의 속죄의 피를 받고 하나님 앞에 의롭다 하심을 받은 그리스도인들, 이들은 하나님과 화평을 누리는 자들인데, 이들은 하나님과의 화평, 그리스도의 평안을 받은 자들이기 때문에 "환난 중에도 즐거워한다"고 합니다. 이 말을 의역하면 "환난 때문에 즐거워한다"는 말입니다. 여러분은 환난이 안 왔으면 좋겠다고 하겠지만 성경은 환난 때문에 즐거워한다고 말합니다. "그럼에도 불구하고"가 아니라 "그것 때문에"입니다.

좀 신앙이 부족한 사람들은 "그럼에도 불구하고" 하려고 하는데, 신앙이 참된 사람은 "그것 때문에" 환난이 왔다면 "그것 때문에" 즐거워하고 기뻐한다는 말입니다. 그리스도의 평안을 받은 자에게는 환난은 인내를, 인내는 연단을, 연단은 소망을 이룰 줄 알기 때문에 그렇다는 것입니다. 그래서 소망이 부끄럽지 않은 것은 우리에게 주신 성령으로 말미암아 하나님의 사랑이 여러분에게 충만히 부어진다는 말입니다.

● 궂은 날도, 좋은 날도 있어야 한다

환난이 없으면 여러분은 하나님의 위대한 사랑을 제대로 알지 못합니다. 계속 편안하고 아무 사건이 없다면 여러분의 마음은 황폐해져 버립니다. 비가 안와서 태양이 계속 비추면 어떻게 됩니까? 열왕기상에 보면 3년 6개월동안 비가 오지 않자 땅은 사막이 되어버립니다. 여러분 안에 환난과 역경이 없으면 여러분의 마음이 황폐해져버립니다. 그러니까 때를 따라서 비도 와야하고 궂은 날도 있고, 좋은 날도 있어야 합니다. 그게 인생의 법칙입니다.

그러나 그 나라에 가면, 새 하늘과 새 땅에 가면 그때는 눈물도 없고 아픔도 없고 고통도 없을 것입니다. 그러나 지금은 우리 안에 죄가 있기 때문에 그것이 필요합니다. 그리스도의 십자가를 통해서 부어진 하나님의 사랑과 평안은 아무도 빼앗을 자가 없습니다.

이것이 세상이 주는 평안과 다릅니다. 도리어 세상이 험악하게 두려움과 공포나 염려, 근심으로 달려들지라도 그리스도의 평안을 깰 수 없습니다. 그리스도께서 그러한 모든 현장을 장악하고 계시기 때문에 그렇습니다. 예수님이 그리스도이기 때문입니다. 여러분에게 오는 환난과 역경을 누가 주관하고 계십니까? 주님이 주관하고 계십니다. 주님의 수중에 다 있습니다. 그리고 그 그리스도의 평안의 선물이 여러분에게 주어지면, 하나님이 주시고 주님이 주시는 그 평안은 여러분의 마음과 생각을 지켜주시는 것입니다. 놀랍지요.

> 그리하면 모든 지각에 뛰어난 하나님의 평강이 그리스도 예수 안에서 너희 마음과 생각을 지키시리라(빌 4:7).

여러분이 지키려고 힘쓸 필요가 없습니다. 그리스도의 평안이 참되게 여러분에게 임하면 그 평안이 여러분을 주장하고 다스리십니다. 바깥에서는 많은 것들이 몰아치지만, 여러분이 이 평안으로 들어오면 그안에서는 평안할 수 있습니다. 바깥에서는 폭풍이 불지라도 말입니다.

"모든 지각에 뛰어난 하나님의 평강이 그리스도 예수 안에서 여러분의 마음과 생각을 지키신다." 놀라운 약속입니다. 주어진 환경과 관계없습니다. 세상 사람들은 다 환경에 춤추고 놀아납니다. 좋으면 깔깔깔 웃고 아프면 낙심하고 좌절합니다. 어떤 역경이나 환경이라 할지라도 하나님과 그리스도께서 주시는 평안은 빼앗을 자가 없습니다.

● 스패포드, "내 평생에 가는 길"

　찬송가 413장 "내 평생에 가는 길"에 얽힌 이야기를 말씀드리겠습니다. 이 찬양은 미국인 스패포드가 가사를 쓴 찬양입니다. 스패포드의 네 아들과 아내가 뉴욕에서 영국으로 항해 중에 충돌사고로 그 탄 배가 침몰해서 네 자녀는 죽어버리고 그 아내만 구조 되었습니다.

　이 일을 부인으로부터의 전보를 통해 전해받은 스패포드는 급히 영국행 여객선에 올라서 그의 아내를 만나러 가는 길이었습니다. 가는 도중에 그가 탄 여객선 선장이 그를 부르더니 "우리는 지금 당신의 자녀들이 타고 있던 배가 침몰한 지점을 통과하고 있는 중입니다"라고 얘기했습니다. 검푸른 파도가 출렁이는 그 비극적인 현장을 목도하면서 스패포드는 펜을 들어서 한 편의 시를 썼습니다. 이것이 찬송가 413장이 탄생하는 순간이었습니다.

그 내용은 다음과 같습니다.

> 내 평생에 가는 길 순탄하여 늘 잔잔한 강 같든지
> 아니면 큰 풍파로 무섭고 어렵든지 나의 영혼은 늘
> 편하다. 내 영혼 평안해, 내 영혼, 내 영혼 평안해

누가 주셨겠습니까? 그리스도께서 주시는 것입니다. 아무도 하나님이 그리스도 예수 안에서 주시는 평안을 빼앗을 자가 없습니다.

여러분, 예수님이 그리스도시요 살아계신 하나님의 아들입니다. 참되게 믿으시기 바랍니다. 여러분을 위해서, 여러분을 대신해서 십자가에서 피 흘려 죽으셨습니다. 이 피 값으로 여러분을 사서 하나님과 완전한

평화를 누리게 하고 여러분이 이 피를 믿기만 하면 하나님의 평안이 여러분 안에 심어집니다. 믿으시기를 바랍니다. 그러면 이 피를 믿는 그 하나님의 평안이 여러분의 마음과 생각을 지켜주실 것입니다. 지켜주기만 하는 것이 아닙니다. 그것이 전부라고 하면 허무하겠지만 그뿐 아니라, 여러분의 인생길을 인도하고 계십니다.

그리스도 안에 모든 것이 다 있다는 것을 여러분은 여러 번 들었을 것입니다. 여러분의 미래도 그리스도 안에 들어있습니다. 여러분의 미래를 염려하고 걱정할 필요가 없습니다. 주님의 수중에 달려 있습니다. 그러므로 여러분은 예수님을 그리스도로 믿는 신앙을 온전히 회복하고 이 신앙이 여러분 안에 깊이 뿌리내리도록 성령충만을 받을 것입니다. 그래서 성령 안에서 의와 평강과 희락의 하나님 나라가 심령 천국으로 임하기를 주님의 이름으로 축원합니다.

Do not be troubled for
Jesus is Christ

염려하지 말라
예수가
그리스도다

6. 염려하지 말라, 예수가 그리스도다

- 그리스도가 통치하고 계신다

> 내가 갔다가 너희에게로 온다 하는 말을 너희가 들었나니 나를 사랑하였더라면 내가 아버지께로 감을 기뻐하였으리라 아버지는 나보다 크심이라 이제 일이 일어나기 전에 너희에게 말한 것은 일이 일어날 때에 너희로 믿게 하려 함이라 이 후에는 내가 너희와 말을 많이 하지 아니하리니 이 세상의 임금이 오겠음이라 그러나 그는 내게 관계할 것이 없으니 오직 내가 아버지를 사랑하는 것과 아버지께서 명하신 대로 행하는 것을 세상이 알게 하려 함이로라 일어나라 여기를 떠나자 하시니라 (요 14:28-31).

예수님은 그리스도시요 살아계신 하나님의 아들입니다. 예수님이 하나님의 아들 그리스도라는 증거로 우리 죄를 대신하여 십자가에서 피흘려 죽으시고 죽은 자들 가운데서 부활하셨습니다. 이 복음으로 우리 인생의 모든 문제가 처리되고 해답을 얻습니다. 참되게 하나님의 아들 그리스도의 복음으로 깊은 뿌리를 갖기를 기원합니다. 여러분이 하나님의 아들 예수 그리스도의 복음으로 깊이 뿌리를 내려서 복음신앙을 갖게 될 때에 이 복음신앙은 여러분의 마음속에 갖고 있는 여러 가지 인생문제에 대한 염려와 근심의 완전한 치료책이 됩니다.

● 그리스도는 인생 모든 문제 해결의 직함(職銜, Office)

여러분이 그리스도인입니까? 그렇다면 예수님을 그리스도로 믿는 참된 신앙을 회복하고 근심, 걱정, 염려할 것 없으니 두려워할 것도 없습니다. 예수님이 그리스도이시기 때문입니다. 그리스도는 인생 모든 문제 해결의 직함입니다.

우리 인생이 근본적으로 직면한 문제들이 많이 있습니다. 죄와 죽음의 문제가 있고, 율법과 재앙의 문제를 갖고 살며 지옥과 사탄의 문제를 가지고 삽니다. 이런 문제들의 완전한 해결의 직함이 그리스도입니다. 또한 그리스도의 직함은 하나님을 떠난 인생들에게 하나님을 만나게 하는 길을 여는 직함이기도 합니다. 그리스도의 직함은 그리스도의 죽음으로 이런 인생문제를 단번에 해결하는 직함입니다. 또 단번에 해결했다는 증거로 죽은 자 가운데서 부활하시는 그런 직함이기도 합니다. 그래서 이 죽음과 부활의 사건을 일으킨 분이 예수님이기 때문에 우리는 예수님을 그리스도라 믿고 의지하는 것입니다.

예수님은 본래 하나님의 아들이었지만 우리의 인생문제를 해결하는 그리스도가 되어주시기 위해서 하늘 보좌를 버리시고 이 땅에 인간으로 오셔서 그의 십자가 대속의 죽음으로 인생 모든 문제를 해결하시고 그것을 확증하기 위해서 죽은 자 가운데서 부활하셨습니다. 예수님이 죽으심으로 인생문제를 해결한 그리스도 이심을 여러분이 믿는다면 염려할 것이 없습니다.

별세하여 세상을 떠나신다는 예수님의 말씀에 제자들이 근심하자 예수님은 제자들에게 마음에 근심하지 말라고 계속 당부하십니다. 예수님이 떠나야 그리스도의 직함은 완성되고 그리스도의 직함에 공식적으로 취임할 수 있기 때문에 떠나셔야 된다는 것입니다. 죽으셔야 된다는 말입니다. 그래서 "염려하지 말아라. 내가 죽음으로 가는 길이 너희 인생 문제를 해결하는 길이다. 너희 염려, 근심, 걱정을 다 해결하는 길이다"라고 말씀하신 것입니다.

● 한국 최초의 우주인 이소연의 간증

우리나라 최초 우주인인 이소연 한국항공우주연구원이 있습니다. 이소연 씨가 몇 년 전에 러시아 우주선을 타고 우주여행을 하고 돌아왔습니다. 그래서 한국에서 최초의 우주인이 되었습니다.

이소연 씨의 간증을 들어보면, 그녀가 우주선을 타러 떠나기 전에 모스크바에 갔는데, 모스크바에서 만나는 사람들의 대부분이 계속해서 "염려하지 말아라. 이 우주선은 안전하다. 절대 안전하게 돌아올 것이니 염려하지 말아라"라고 말을 하더라는 것입니다. 행여나 이소연 씨가 우주선을 타고 지구를 떠나서 못 돌아올까 염려할까봐 만나는 사람들은 모두 염려하지 말라고 이구동성으로 얘기했다는 것입니다.

이제 우주를 창조하시고 세상을 창조하신 예수님은 그분이 만든 세상을 떠나시면서 자신이 세상과 우주를 떠나는 것은 하나님 아버지께로 가시는 영광스러운 길임을 말씀하면서 도리어 세상에 남아있는 제자들의 염려, 근심, 두려움에 대한 치료책으로 "하나님과 나를 믿으라"고 반복해서 말씀하시는 것입니다.

요한복음 14장 1절에서 예수님은 "너희는 마음에 근

심하지 말라, 하나님을 믿으니 또 나를 믿으라"라고 말씀하셨습니다. 염려, 근심, 두려움의 치료책은 하나님과 그의 아들 예수 그리스도를 믿는 것입니다. 물론 하나님을 바르게 믿는 방법은 하나님이 인생들에게 알려주신 그의 아들 예수 그리스도를 믿는 것이며, 이 예수 그리스도를 통해서 하나님을 믿는 것이 마음의 근심을 없애는 가장 훌륭한 방법입니다.

더 쉽게 말하면 하나님이 보내신 그의 아들 예수님이 그리스도이신 사실을 믿는 것이 여러분이 마음에 갖는 각종 근심과 두려움을 없애주는 최선의 치료책입니다. 예수님을 하나님의 아들 그리스도로 참되게 믿기를 바랍니다. 염려, 근심이 있습니까. 믿음을 참되게 회복하시길 바랍니다.

물론 앞서 말씀드린 대로 그리스도는 인생 모든 문제 해결의 직함이요 직분이었습니다. 그리고 그리스도의 직함은 그리스도의 죽음과 부활로 인생 문제를 해결하는 직함이었습니다. 더 정확히 말하면 그리스도의 죽음으로 인생이 직면한 모든 인생문제가 해결된 것입니다.

그렇다면 부활은 무엇입니까? 부활은 그리스도의 죽음이 가져오는 축복에 대한 확증입니다. 그리스도의 죽음으로 인생문제를 해결했다는 확증이 부활입니다. 그러니까 복음의 핵심은 그리스도의 죽음인 것입니다. 그리스도의 죽음으로 여러분의 인생 문제가 해결이 되었다는 말입니다.

그러므로 예수님은 지금 자신의 죽음으로 자신이 그리스도의 직함을 수행하신 분이 되실 것임을 제자들에게 구체적으로 말씀하십니다. "너희들이 이것을 잘 깨달아라. 그러면 절대 염려하고 걱정할 것 없다. 내가 떠난다고 슬퍼할 이유가 없다." 그리고 말씀하십니다. "염려하지 말아라." 이 책의 결론인 이 장에서 앞의 말씀들을 정리하고 마치고자 합니다.

● 예수님의 죽음으로 성취되어 우리에게 주는 유익들

첫째로 예수님은 죽음으로 세상을 떠나가시는데, 그의 죽으심은 죽음을 정복하고 영생을 얻게 하는 것이라고 말씀하셨습니다. 요한복음 14:2에서 "내가 너희를 위하여 거처를 예비하러 가노니"라고 말씀하십니다. 예수님은 그의 죽음으로 죽음을 정복하여 하늘나라에서 영생할 것을 약속하신 것입니다. 그러므로 복음 받은 여러분은 죽음을 두려워할 이유가 없습니다. 이제 죽음은 예수님의 죽음으로 말미암아 영생으로 들어가는 관문이 되었습니다. 저는 인생의 후반기에 사는 사람으로서 이보다 더 위로되는 말씀이 없습니다.

이것이 없다면 저는 어떻게 살지 모릅니다. 저는 어느 날 우리 주님이 부르시면 주님이 가신 그 길을 따라서, 주님의 죽으심을 따라, 주님의 그 길을 따라 예수님 안에서 예수님의 사랑과 그의 품속에서 하늘나라로 가게 될 것입니다. 그래서 그리스도인에게 육신의 죽음은 더 이상 염려와 두려움의 대상이 아닙니다. 여러분은 이미 영생을 얻었고, 영생을 완전하게 그 나라에 가서 누릴 것입니다. 복음은 여러분 인생 미래 문제의 완전 보장입니다.

● 예수님의 죽음, 하나님께 나가는 길

둘째로 예수님은 자신의 죽음이 하나님께 나가는 길을 여는 것이라고 말씀했습니다. 인간들이 하나님께로 나갈 수 없었던 것은 인간이 하나님께 범죄하여 하나님과 인간 사이에 죄악의 담이 있기 때문입니다.

그래서 요한복음 14:6에서 "예수께서 이르시되 내가 곧 길이요 진리요 생명이니 나로 말미암지 않고는 아버지께로 올 자가 없느니라"라고 말씀했습니다. 이 말은 무슨 뜻입니까? "중보자되신 예수 그리스도의 죽으심으로 말미암아 하나님과 인간 사이에 막힌 죄악의 담이 무너지고 하나님께 나가는 길이 열렸다"는 말입니다.

그리스도의 죽음, 곧 예수님의 죽음은 죄악을 정복하고 없앤 죽음이었습니다. 저와 우리 모두는 예수님의 죽으심, 곧 예수님의 피를 힘입어서 이제는 죄 사함을 받고 하나님의 보좌 앞에 담대히 나갈 수 있는 은총을 얻게 되었습니다.

그러므로 여러분 모두는 십자가에 못 박힌 그리스도를 바라보고 그 은혜로 하나님께 나가서 하나님과 교제하며 은혜를 구하는 자가 되었습니다. 오늘 여러분이 가지고 있는 모든 문제를 예수님의 피를 힘입어서 은혜의 보좌 앞에 나와서 구하시기를 바랍니다. 우리에게는 권리가 있습니다.

● 예수님의 죽음, 예수 이름의 권세

셋째로 예수님은 그의 죽음으로 자신의 이름의 권세를 예수님의 죽음을 믿는 무리에게 주셨습니다. 예수 이름의 권세에 대하여 요한복음 14:14에서 "내 이름으로 무엇이든지 내게 구하면 내가 행하리라"라고 말씀을 주셨습니다. 예수님의 죽음으로 그의 죽음을 믿는 우리는 예수 이름의 권세를 얻게 되었습니다. 그것은 왕적인 권세인 것입니다. 그것은 지옥과 사탄의 세력을 정복하고 통치하는 권세이기도 합니다.

인간의 조상 아담은 하나님께 범죄함으로 에덴에 세워진 하나님 나라 통치권을 상실했습니다. 이제 마지막 아담으로 오신 예수님은 첫 아담이 잃어버린 통치권을 회복하러 이 세상에 오신 것입니다. 그 권세는 본래 만물을 복종케 하는 권세였습니다. 사탄을 정복하는 권세였습니다. 예수님은 그의 죽음으로 말미암아 죽음의 세력을 잡은 자 마귀를 멸하셨습니다. 그러므로 누구든지 예수님의 죽음을 사탄을 정복하신 그리스도의 직분으로 믿으면 예수 이름으로 흑암세력을 쫓아내고 왕적인 권세를 누리며 살 수 있게 되었습니다. "예수 그리스도 이름으로 명하노니 이 어둠의 세력은 사라져라" 선포할 수 있다는 말입니다.

뿐만 아니라 예수님의 이름으로 기도하면 곧 예수님이 일하시기 때문에 여러분이 직면한 모든 인생문제 해결에 있어서 하나님 나라의 왕 예수님의 역사가 나타나게 됩니다. "내 이름으로 무엇이든지 내게 구하면 내가 행하리라" 하셨습니다. 예수 그리스도 이름은 놀라운 이름입니다.

이 예수님의 이름으로 구원을 얻고, 예수의 이름으로 귀신이 쫓겨나가며, 예수님의 이름을 부르면서 그리스도 예수 안에서 그리스도와 함께 여러분이 하늘에 앉아 있는 것입니다. 여러분이 예수의 죽음을 믿되 예수님이 그리스도로서 죽으신 것을 참되게 믿으면 예수 이름의 권세를 갖게 되고 예수 이름의 권세로서 여러분 인생 모든 문제의 답을 얻으며 살 수 있습니다.

● 예수님의 죽음, 보혜사 성령 보내심

넷째로 예수님은 염려, 근심하는 제자들에게 그의

죽음으로 보혜사 성령을 보내시겠다고 약속을 하셨습니다. 요한복음 14:16 "내가 아버지께 구하겠으니 그가 또 다른 보혜사를 너희에게 주사 영원토록 너희와 함께 있게 하리니"라고 약속을 하셨습니다.

그리스도인들은 예수님이 별세하셔서 하나님 아버지께 돌아가심으로 예수님과 똑같은 보혜사를 얻게 되었습니다. 보혜사는 곧 성령을 말합니다. 보혜사 성령이 예수님 대신에 오시면 제자들은 예수님 계실 때보다 더 큰 유익을 얻게 될 것입니다. 성령은 영이시기 때문에 제자들이 어디를 가든지 함께 하실 것이며 예수님과 똑같은 위로와 보호와 은혜를 베푸실 것입니다. 예수님은 과거에 육체를 갖고 계셨기에 제자들이 멀리 가버리면 예수님이 따라 갈 수가 없었습니다. 그러나 이제 성령은 예수님과 똑같은 권능과 능력을 가지시면서 어디를 가든지 항상 함께하신다는 말입니다. 천국에 이를 때까지 계속해서 함께하실 것입니다. 믿으시기를 바랍니다.

예수님은 별세 후 성령을 보내주실 뿐만 아니라 보내신 성령 안에서 예수님도 제자들에게 다시 오실 것이라고 약속을 했습니다. 기막힌 약속이죠. 삼위일체 하나님을 약속한 것입니다. 이 기막힌 약속은 제자들에게 커다란 위로가 아닐 수 없습니다. 성령도 우리에게 오시지만, 성령 안에서 예수님도 함께 오셔서 성령과 함께 거하시겠다고 말씀하시는 것입니다. 여러분이 예수님의 그리스도로서의 죽으심을 믿을 때 여러분은 보혜사 성령을 선물로 받게 되는데, 성령은 여러분의 인생길을 완전히 인도하시고 보호하시고 지켜주시며 승리하게 하실 것입니다.

그래서 예수님의 그리스도로서의 죽으심을 믿는 신자는 '성령충만'을 받으라고 명령받는 것입니다. '성령충만'을 구해야 합니다. 주일은 여러분이 "성령충만"을 받아서 이 충만한 능력으로 일주일을, 6일을 승리하는 것입니다. 교회에 와서 가만히 앉아서 평안하게 쉬는 것은 구약시대의 형태입니다. 여러분이 힘이 다 빠진

탈진 상태로 교회에 가서 "여기서 충만한 능력을 얻고 6일 동안 나가서 승리하라. 찬란한 힘과 능력을 가지고 월요일부터 시작을 하라"는 것이 신약시대의 복음입니다.

안 믿는 사람들은 월요일이 제일 힘이 듭니다. 그러나 여러분은 반대입니다. 월요일에 가장 힘 있는 능력을 가지고 나가는 것입니다. 예수님이 성령 안에서 함께 계시기 때문에 '성령충만'은 곧 '예수충만'입니다. 예수님의 '사랑충만'이기도 한 것입니다. 사랑의 증인이 되기를 바랍니다.

● 예수님의 죽음, 그리스도의 평안 약속

다섯째로 예수님은 그의 죽음으로 제자들에게 하나님과의 평화, 그리스도의 평안을 약속하셨습니다. 인간은 하나님께 범죄함으로 하나님과 원수관계가 되어서 참된 평안과 안식이 사라졌습니다. 그러나 예수님의 죽음으로, 예수님이 하나님 앞에 화목제물로 드려지게 됨으로써 하나님과 인간 사이의 평화의 관계가 이루어졌습니다. 그래서 예수님은 그의 죽음으로 인한 자신의 평안을 약속을 합니다.

> 평안을 너희에게 끼치노니 곧 나의 평안을 너희에게 주노라 내가 너희에게 주는 것은 세상이 주는 것과 같지 아니하니라 너희는 마음에 근심하지도 말고 두려워하지도 말라(요 14:27).

두려워하는 자들에게 예수님의 평안보다 더 값진 유산이 없습니다. 예수님의 평안은 세상이 주는 것과 같지 않기 때문입니다. 예수님이 피를 흘려 사신 평안이기 때문에 이 피 값의 평안은 엄청나게 무시무시한 것입니다. 아무도 예수님의 피 값으로 지불하신 평안을 빼앗을 자가 없습니다.

여러분이 예수님의 그리스도로서의 죽음을 믿으면

이 그리스도의 평안을 누릴 자격과 권한이 있습니다. 그리스도의 평안을 구해서 여러분의 심령에 그리스도의 평강이 여러분을 다스리게 해야 합니다. 평강의 왕 그리스도께서 여러분의 마음 속에서 평강으로 통치하시도록 기도하시고, 그리스도께 여러분의 염려, 두려움을 맡길 것입니다. 눈 녹듯이 염려, 근심, 두려움이 사라질 것입니다. 예수님의 죽음은 헛되지 않습니다.

예수님은 여러분이 예수님의 평화를 마음 중심에 누리며 살도록 하기 위해서 그의 죽음으로 우리를 위해 평안을 사셨습니다. 여러분은 당연히 평안을 누려야 합니다. 만일 누리지 못한다면 예수님을 불신하는 것이며, 예수님을 슬프게 하는 것이고, 예수님께 반역하는 것입니다. 명령을 지키지 않는 것입니다.

● 예수님을 그리스도로 믿는 것이 염려와 근심의 최선의 치료책

이렇게 예수님의 죽음, 예수님의 별세는 단순한 죽음이 아니라 그리스도로서의 직함을 수행하기 위한 죽음인 것을 예수님 자신이 그의 죽음에 앞서서 그의 제자들에게 말씀하셨습니다. 제자들은 예수님의 그리스도로서의 죽음으로 인생문제를 해결하신 사실을 듣고 위로와 용기를 얻어야 했습니다.

그래도 예수님이 보시기에 제자들에게 염려, 근심이 있으니까 예수님은 본문에서 결론적으로 또 다시 염려, 근심하지 말라는 결론의 말씀을 제자들에게, 또 우리에게 말씀하고 있습니다. 그 말은 한 마디로 "내가 그리스도다. 나는 아버지께서 중보자 그리스도로 이 세상에 보내신 그리스도다. 내가 이 임무를 마치고 아버지께로 돌아가면 이제 그리스도로 취임하여 너희 인생의 모든 문제를 해결할 것이다. 염려하지 말라 내가 그리스

도다"라고 약속하신 말씀의 마지막 결론인 것입니다.

> 내가 갔다가 너희에게로 온다 하는 말을 너희가
> 들었나니 나를 사랑하였더라면 내가 아버지께로
> 감을 기뻐하였으리라 아버지는 나보다 크심이라
> (요 14:28)

예수님은 떠나시지만, 앞서 말씀하신대로 다시 오실 것입니다. 성령 안에서 다시 오실 것입니다.

그리고 예수님은 하나님 아버지께서 주신 중보자 그리스도로서의 사명을 모두 마치고 아버지께로 돌아갑니다. 이것이 예수님의 그리스도로서의 사역의 완성이자, 예수님이 본래 가지신 영광으로 돌아가는 것입니다. 본래 영광스럽게 아버지와 계시다가 그리스도의 직함을 수행하기 위해서 아버지의 명령을 좇아 이 세상에 오셨다가 그 명령을 완성하고 죽음과 부활을 통해서 그리스도의 직함을 완성한 다음에 다시 본래 직함인 영광스러운 아들의 직함으로 돌아가시는 것입니다.

그러니까 예수님의 승리는 하나님 아버지께 영광을 돌리시는 것이 되는 것입니다. 하나님 아버지께서 그의 아들을 중보자 그리스도의 사명을 완수하도록 보내시고, 아들은 하나님 아버지를 사랑하므로 하나님 아버지께서 명하신 것을 다 행하셨습니다. 이제 제자들은 예수님이 하나님의 보내신 그리스도임을 굳게 믿고 모든 근심과 두려움에서 자유를 얻을 것입니다.

말씀을 정리하면서 마치겠습니다. 예수님은 그리스도시요 살아계신 하나님의 아들입니다. 예수님은 하나님의 아들 그리스도라는 증거로 죽은 자 가운데서 부활하셨습니다. 예수님은 그 자신의 죽음으로 인생의 모든 문제를 해결하고 '내가 해결했다'는 것을 확증하시기 위해서 다시 살아나셨습니다.

그러므로 모든 염려 근심의 치료책은 예수님을 그리스도로 믿는 믿음입니다. 예수님의 죽음으로 인생 모든 문제가 해결됐다고 믿는 믿음입니다. 예수님은 "너희는 마음에 근심하지 말라 하나님을 믿으니 또 나를 믿으라"고 말씀했습니다. 그래서 예수님을 그리스도로 믿을 때 핵심은 '예수님의 죽음이 그리스도로서의 사명을 완수하기 위한 죽음'이라는 것을 알아야 합니다. 이것을 알아야 구원을 얻습니다.

예수님의 죽음으로 영생이 약속됐습니다. 예수님의 죽음으로 하나님께 나가는 길이 열렸습니다. 곧 하나님을 만나 뵙게 되었습니다. 예수님의 죽음으로 신자는 예수님의 왕적인 권세인 예수 그리스도 이름의 권세를 얻게 되었습니다. 그래서 예수님의 이름으로 기도하면 예수님이 직접 일하시는 것입니다. 또 예수님의 죽음으로 보혜사 성령님을 신자는 모시고 살게 되었습니다.

그래서 여러분이 어디를 가든지 성령님은 영원토록 여러분과 함께 있어서 인도해주시고 보호해주시고 능력주시고 예수님의 제자답게 살고 하나님의 백성답게 살게 하십니다. 또 예수님의 죽음으로 그 죽음을 믿는 자들에게 예수님은 그리스도의 평안을 선물로 주셨습니다. 이 평안보다 값진 유산이 없습니다. 예수님이 주신 평안은 세상이 주는 것과 같지 않다고 우리가 들었습니다. 세상에서는 아무도 그리스도의 평안을 빼앗을 자가 없는 것입니다.

● 염려하지 말라 예수가 그리스도다

이렇게 예수님의 죽음은 우리 인생 모든 문제를 해결하는 그리스도의 사역으로서의 죽음이었습니다. 예수님은 자신이 그리스도이심을 제자들이 믿고 그들 앞에 놓인 모든 근심, 걱정으로부터, 두려움으로부터 치료받기를 원하셨습니다.

그것을 너무 원하신 예수님은 오늘 본문에서 다시 반복해서 자신이 그리스도의 사명, 곧 하나님이 자신을 이 세상에 보내사 그의 죽음과 부활로 인생 모든 문제를 해결하셨다는 것을 다시 말씀하고 계십니다. 예수님의 죽음의 길은 하나님 아버지께서 명하신 인생 모든 문제 해결이자 그리스도의 직함입니다. 이것을 수행하시고 예수님은 아버지께로 돌아가십니다. 그 길이 바로 주님이 지금 별세하신다는 말씀이신 것입니다.

여러분 모두는 예수님이 그리스도 되심을 믿으시고 여러분이 가진 어떤 인생문제에도 이 복음이 해답이 되기를 기원합니다. 한 마디로 "염려하지 말라 예수가 그리스도다"입니다.

예수 그리스도의 복음에 모든 것이 다 있습니다. 이것을 믿으시기 바랍니다. 그리스도의 수중에 여러분의 건강도 있습니다. 그리스도의 수중에 여러분의 성공, 직업, 여러분이 그렇게 애지중지하는 자녀도 그리스도의 수중에 있습니다. 복음 안에 있습니다. 여러분의 자녀를 복음 속으로 들어오게 하십시오. 또한 예수님의 수중에 여러분의 미래도 들어있습니다.

예수님을 그리스도로 믿는 여러분, 어떤 인생문제 앞에서도 염려하지 말기 바랍니다. 예수님이 그리스도 십니다. 그리스도께서 하늘과 땅의 모든 권세를 가지시고 지금 통치하고 계십니다. 예수 그리스도의 이름으로 기도하기 바랍니다. 예수님이 그리스도이심을 주관적으로 확증하는 것이 예수 그리스도의 이름으로 기도하는 것입니다. 기도하기 바랍니다. 염려하지 말고 기도하기 바랍니다. 응답이 약속되어 있으니 기도하고 또 기도하기 바랍니다.

*Do not be troubled for
Jesus is Christ*

염려하지 말라
예수가
그리스도다

"너희는 마음에 근심하지 말라
하나님을 믿으니 곧 나를 믿으라"(요 14:1).

염려하지 말라, 예수가 그리스도다

저자 소개   **임 덕 규**

육군사관학교 졸업
서울대학교 법대 및 동대학원 졸업(법학박사)
대한신학교 졸업
아세아연합신학대학원 졸업(M.A., M.Div.)
육군사관학교 법학과 교수 역임
대한예수교장로회(대신) 충성교회 담임목사
* 홈페이지: http://onlychrist.onmam.com
　App: '충성교회', 혹은 '충성복음교회'로 검색

저서 소개

복음과 성령충만 I, II

임덕규 지음/ 신국판
복음의 증인으로 살 수 있게 하는 탁월한 훈련 교재.

인생 모든 문제의 해답 I, II, III

임덕규 지음/ 신국판
인생 모든 문제의 해결자 되신 그리스도를 만나는 길.

신구약을 관통하는 그리스도

임덕규 지음/ 신국판/ 352면
신구약성경을 관통하는 그리스도 안에 모든 것이 다 있다!

신구약을 관통하는 그리스도 완결편

임덕규 지음/ 신국판/ 472면
조직신학을 복음의 권능으로 바꾸는 책.

하나님을 만나는 길

임덕규·박철동 지음/ 신국판/ 376면
그리스도의 피의 희생제사를 통해 인간이 하나님께 나아갈 수 있다는 진리를 전해준다.

복음이란 무엇인가 시리즈

복음이란 무엇인가? 1
예수, 그는 누구신가?
임덕규 지음/ 46판/ 72면/ 3,000원
평신도 전도용으로 쉽게 예수님이 누구신지에 대해서 저술하고 있다. 예수 그리스도는 구원의 주로서 그리스도시요, 살아계신 하나님의 아들이다. 전도하기 위한 태신자가 있다면 본서를 통해 예수 그리스도를 소개하면 좋을 것이다.

복음이란 무엇인가? 2
예수, 그는 무엇을 하셨는가?
임덕규 지음/ 46판/ 120면/ 5,000원
그리스도의 죽음과 부활은 구약성경에 이미 수천 년 전에 예언되어 있었고, 그 예언대로 예수님이 이 세상에 오셔서 성취하셨다. 본서에 기록된 이 복음 진리를 참되게 상고한 자는 이 진리를 확신하고 구원을 얻을 것이며, 이 진리에 인생을 걸 것이다.

복음이란 무엇인가? 3
예수는 그리스도
임덕규 지음/ 46판/ 88면/ 5,000원
신·구약 성경의 주제는 한마디로 '예수 그리스도'이다. 예수는 '하나님의 아들 그리스도'이시며 또한 제사장, 선지자, 왕의 세 가지 직함을 이루신 그리스도임을 마가복음을 통하여 증거하고 있다.

복음이란 무엇인가? 4
세상의 빛 그리스도
임덕규 지음/ 46판/ 88면/ 5,000원

복음의 빛w을 받는다는 의미를 참되게 알고 깨달아, 마음에 그리스도의 빛을 받아 자신도 세상의 빛이 되어 어둔 세상에 그리스도의 은혜를 비추어 증거하는 증인, 곧 세상의 지도자로 살도록 하기 위해 본서는 쓰여졌다.

복음이란 무엇인가? 5
청년의 때에 예수를 만나라
임덕규 지음/ 46판/ 88면/ 5,000원

세상 사람들은 부·명예·권력·지식·쾌락 등을 얻으면 행복할 것으로 알지만, 그런 것들을 얻자마자 허무에 빠진다. 솔로몬 왕은 청년의 때에 너의 창조주를 기억하라고 권고했다. 즉 본서는 젊을 때에 예수님을 창조주 하나님으로 믿고 인격적으로 예수님을 만나야 한다고 권고한다.

복음이란 무엇인가? 6
로마법과 그리스도의 십자가
임덕규 지음/ 46판/ 168면/ 8,000원

본서는 그리스도의 재판 절차를 통해 당대 최고의 세계적인 로마법에 의해 실상 그리스도의 무죄가 입증되었음을 보여준다. 또한 유대인뿐만 아니라 이방인도 관여한 그리스도의 죽음이 모든 인류의 구속을 위한 세계적, 역사적 사건이 되었음을 보여준다.

복음이란 무엇인가 시리즈

복음이란 무엇인가? 7
하나님 체험 · 말씀(그리스도) 체험
임덕규 지음/ 46판/ 104면/ 5,000원
우리는 하나님의 말씀이신 그리스도를 체험할 때 하나님을 체험할 수 있으며 하나님을 믿을 수 있게 된다. 말씀을 통해 하나님을 만나고 체험한 신앙의 인물들과 성경, 교회사 속의 인물들을 보여주며 진리의 말씀되신 그리스도를 체험하여 세상의 빛으로 살아갈 것을 촉구한다.

복음이란 무엇인가? 8
발 씻기심의 복음
임덕규 지음/ 46판/ 160면/ 8,000원
예수님의 발 씻기심은 겸손과 섬김의 본을 보이기 위한 것이 아니라 죄사함의 십자가 복음이다. 그리스도의 십자가 대속의 사랑을 받은 자만이 진정한 겸손과 섬김의 삶을 살 수 있다. 십자가 사랑과 죄사함을 바로 깨달아 자유인이지만 종으로서 섬김의 삶을 살아갈 것을 촉구한다.

염려하지 말라, 예수가 그리스도다
Do not be troubled for Jesus is Christ

2014년 3월 20일 초판 발행

지은이 | 임덕규

편 집 | 박상민, 박예은
디자인 | 박희경, 박슬기
펴낸곳 | 사)기독교문서선교회
등 록 | 제16-25호(1980. 1. 18)
주 소 | 서울시 서초구 방배로 68
전 화 | 02) 586-8761~3(본사) 031) 942-8761(영업부)
팩 스 | 02) 523-0131(본사) 031) 942-8763(영업부)
홈페이지 | www.clcbook.com
이메일 | clckor@gmail.com
온라인 | 기업은행 073-000308-04-020, 국민은행 043-01-0379-646
예금주: 사)기독교문서선교회

ISBN 978-89-341-1362-1 (03230)

* 낙장·파본은 교환해 드립니다.

이 도서의 국립중앙도서관 출판시 도서목록(CIP)은
서지정보유통지원시스템 홈페이지(http://seoji.nl.go.kr)와
국가자료공동목록시스템(http://www.nl.go.kr/kolisnet)에서
이용하실 수 있습니다.
(CIP제어번호: CIP2014005882)

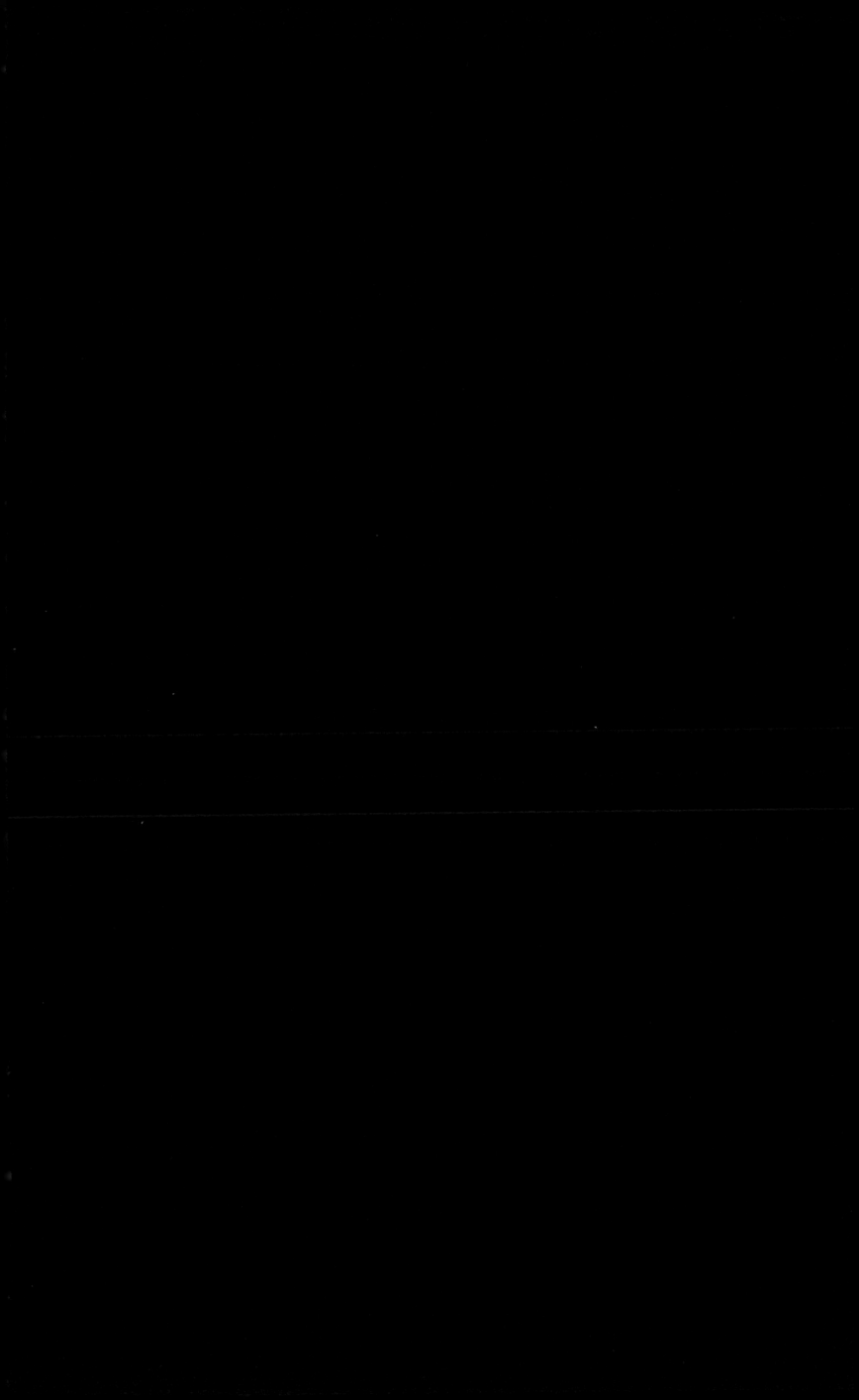

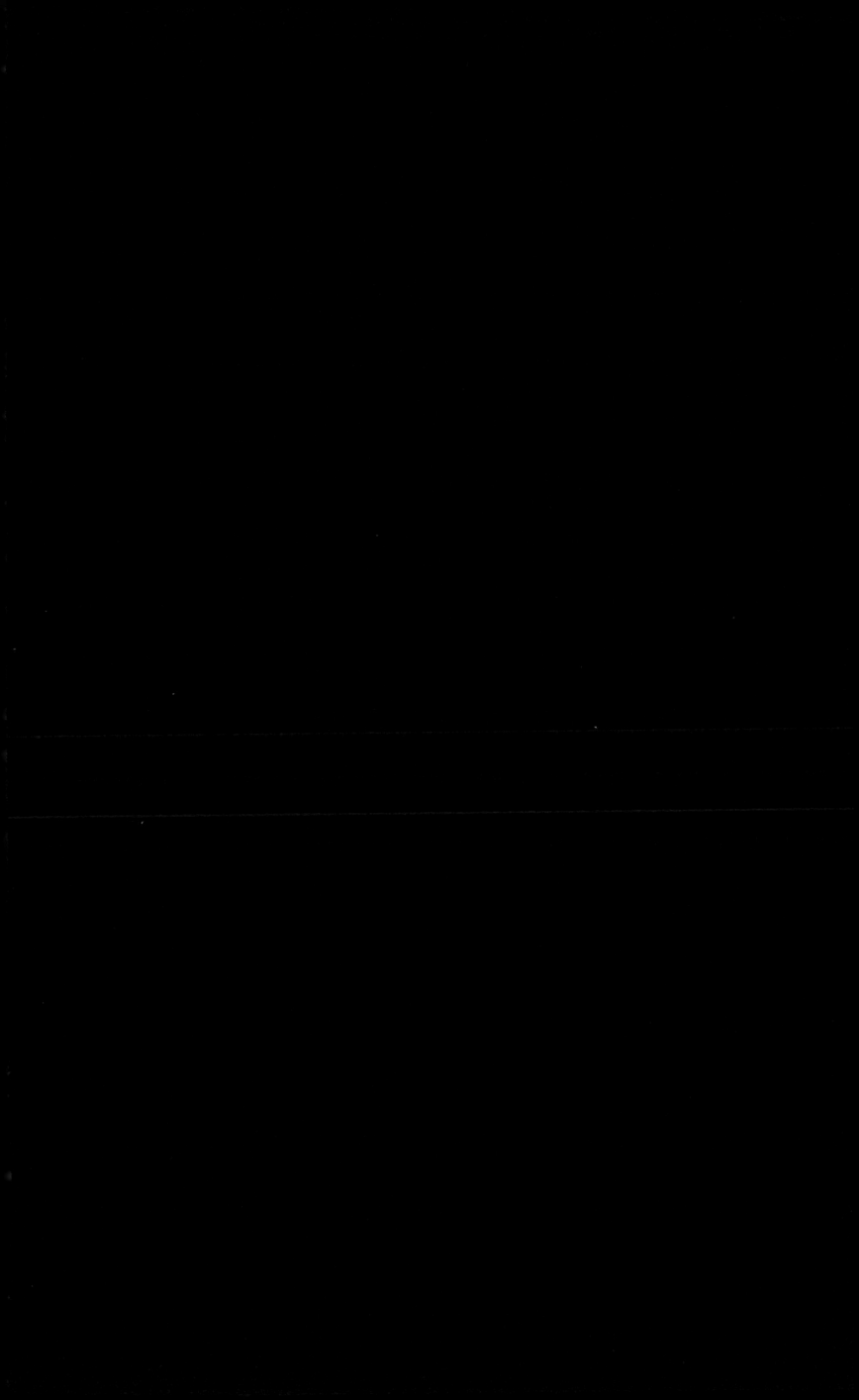